PRODUCE Y DISTRIBUYE TU MÚSICA ONLINE

Aina Ramis

PRODUCE Y DISTRIBUYE TU MÚSICA ONLINE

Guía práctica del creador musical digital

© 2019, Aina Ramis Plomer

© 2019, Redbook Ediciones, s. l., Barcelona.

Diseño de cubierta e interior: Regina Richling

ISBN: 978-84-120048-3-0
Depósito legal:B-12.251-2019

Impreso por Sagrafic, Pasaje Carsi 6, 08025 Barcelona
Impreso en España - *Printed in Spain*

Para mi madre, que supo desde siempre que yo escribiría.

Para mi padre, responsable de mi cultura musical.

Para mi hermana Marina, mi segundo corazón.

Para mi abuela y mis titos, que siempre me han apoyado y siempre han estado ahí.

Para mi tío Jaime, que ya no está.

Y para mis perritos, que siempre me sacan una sonrisa cuando llego a casa.

Gracias a Ignacio por las segundas lecturas y por su paciencia. Gracias también a todos los profesores y profesoras, periodistas, amigos y amigas que cada día me hacen crecer un poco más.

Una especial mención a mi grupo de música de la adolescencia, Self-Freedom, por haber marcado una época de mi vida en la que supe que no me iba a separar jamás de la música.

ÍNDICE

PRÓLOGO

MÚSICA, COMUNICACIÓN E INTERNET: LA ALIANZA PERFECTA DE LA CREATIVIDAD Y LA LIBERTAD

Internet y la música rock pop son dos fenómenos culturales de la mayor magnitud que estaban destinados a confluir, interactuar y mezclarse. No solo porque entre ambos han acabado por dar forma a la cultura popular global de los siglos XX y XXI sino porque la Red y la música roquera responden a una misma mentalidad: el anhelo de una nueva era de la humanidad en el que las personas se unan por medio de la creación y el conocimiento por encima de las fronteras, las razas y los continentes.

El 25 de junio de 1967, un domingo de verano, la BBC, la radiotelevisión pública británica, protagonizó un importantísimo hito en la planetarización de la música mediante la comunicación: la emisión del programa *Our World*, la primera emisión televisiva vía satélite para todo el mundo, y en ella, el estreno de la canción «All you need is love», de los Beatles, el grupo más famoso del orbe. Por primera vez una emisión radioeléctrica transmitía al mundo entero una única canción para todos, que era un mensaje de optimismo, esperanza y unidad, «todo lo que necesitas es amor». La música pop rock, para aquel entonces, ya se había convertido en el nuevo gran medio mundial de comunicación por y para los jóvenes y la industria discográfica, a través sobre todo de la radio, había hecho de los rockeros, ídolos globales seguidos por millones de personas, desde Elvis Presley hasta los Rolling Stones y los Beatles.

El viejo sueño empezó a vislumbrarse como posible. Las grandes estrellas del rock emprendían giras de alcance mundial en las que el formato era cada vez más el de la reunión masiva de espectadores y la oferta de un espectáculo integral que abarcaba no solo la escena sino al público mismo. Los distintos públicos nacionales del pop fueron polarizándose en torno a tendencias globalizadas y las figuras musicales superaron en popularidad y adhesión masiva a las cinematográficas. Empezó a crearse un emporio mundial de la fama en el que coexistían músicos rock, artistas de nuevas formas culturales pop e incluso modelos, además de rostros hechos famosos por un nuevo modo de entretenimiento integral, todo ello y siempre con una banda sonora de fondo o de frente, el rock pop y su aspiración a devenir un lenguaje universal. Menudearon conciertos solidarios, como los dedicados a Bangla Desh por George Harrison o a África por Bob Geldof, en los que se ponía en pie la aspiración a una nueva era fraternal pacífica y solidaria. El primigenio «All you need is love» tuvo una continuación aún más explícita en este sentido en la interpretación coral del clip «We are the world». El deseo de una *new age* ya no podía pensarse sin música y comunicación.

Lo que faltaba para que esa «planetarización de la conciencia», según la afortunada frase de Dane Rudhyar, pudiera comenzar a materializarse no podía surgir de la misma comunicación de masas, a pesar de su difusión global. Era necesario algo distinto a un mero medio de comunicación o una suma de ellos: una plataforma integral e interactiva que permitiera difundir, compartir y hacer crecer el conocimiento.

La ciencia ficción fue el primer segmento de la cultura que tuvo una visión de esa posible plataforma, a partir del desarrollo de la cibernética, la electrónica y los viajes espaciales. Isaac Asimov fue uno de los primeros que comprendieron el poder de la telemática para compartir el conocimiento, pero ya en 1946 Murray Leinster pensó una red de ordenadores («lógicos», les llamaba) que permitía el intercambio de información sin limitaciones y en 1954 Fredric Brown imaginó que todos los ordenadores de un planeta se interconectaban. Ni que decir tiene que la ciencia ficción y el futurismo crítico era el alimento literario de una gran mayoría de los soñadores de la nueva era, gracias a la relación con la cultura pop rock de autores como Philip K. Dick (*¿Sueñan los androides con ovejas eléctricas?*, conocida en el cine como *Blade Runner*) o Kurt Vonnegut, escritor pacifista y ácido crítico social, autor de *Slaughterhouse 5*. Se suele asociar a los hippies con el culto a la naturaleza virgen (el *flower power*) pero se olvida que las visiones utópicas más sólidas de la contracultura norteamericana eran de hecho tecnoutopías, surgidas por la fascinación de la carrera espacial y la versión automatizada del sueño americano.

La materialización del sueño hippie no vino por la difusión del uso de la marihuana sino por una realización tecnocientífica y comunicacional. El nacimiento de Internet representa la puesta en práctica del propósito central de la nueva era contracultural: la planetarización de la conciencia por medio de la creación de una noosfera (esfera global de conocimiento) inducida por la interacción telemática. Internet fue el resultado de la labor de esos científicos visionarios que habían crecido con el rock progresivo que llamaba a vivir una nueva era, quienes, ya adultos, se pusieron a trabajar con la combinación de ciencia y humanismo y construyeron un nuevo artefacto comunicacional que iba mucho más allá de la comunicación: un medio para unir a la humanidad entera.

El avance de Internet corrió en paralelo con el de la digitalización, que en su aplicación a la música proporcionó nuevos medios no solo para la interpretación musical o la composición sino para la producción y difusión de las obras. La digitalización operó aquí de nuevo su transformación peculiar: transformó lo grande, pesado, costoso e inmóvil en pequeño, ligero, asequible y transportable: lo digital en música pasó a formar parte de lo que yo llamo «la vida móvil», como sucedió con la radio a transistores, los reproductores musicales, la telefonía, los patinetes eléctricos o las nuevas formas de viaje y movilidad internacional. De un día para otro el propio hogar se ha convertido en estudio de producción y grabación, punto de distribución y antena de difusión de la música creada en cualquier lugar del planeta por un músico o un grupo. La digitalización e Internet han arrebatado el monopolio del negocio musical a la gran industria monopolizante y han devuelto el genio de la creación y la repercusión de lo creado a las manos de los creadores.

Este libro trata precisamente de lo que representa esa magnífica devolución, en qué consiste, cómo funciona y cómo puede ser utilizada y aprovechada por los miles de personas que hacen música, de manera amateur o profesional, y necesitan beneficiarse de la gran alianza entre la creación musical e Internet. La Red y la digitalización rompen todas las barreras que limitan el desarrollo de la creatividad en la música, proporcionan al creador medios nuevos y eficaces para profundizar en sus realizaciones y para promover y difundir su labor. Todas las preguntas que a este respecto pueda hacerse cualquier persona interesada en la música tienen respuesta en esta obra, preguntas que, por cierto, pueden haber estado amargándole la vida a más de uno.

Produce y distribuye tu música online y su autora, Aina Ramis, tienen la mayor virtud posible en el campo de lo práctico, que es hacer fácil lo difícil y asequible lo dificultoso. El lector de esta obra se dirá, una vez concluida su lectura, "¿cómo era posible que yo desconociera esto y no me hubiera podido beneficiar de ello?". No solo porque hallará en ella medios, técnicas y estrategias para realizar los objetivos con los que siempre había soñado sino porque la autora está dotada con el regalo de los dioses que consiste en una escritura excelente y una mente afinada. Leyendo a Aina Ramis uno aprende, descubre y se siente llamado a actuar, y a hacerlo con eficiencia. Esta guía práctica del creador musical digital es su primer libro, pero este llega después de una larga práctica en la escritura divulgativa y didáctica: periodista en la prensa diaria y la radio, investigadora de la relación entre música rock y censura durante el franquismo, divulgadora de la cultura digital y la comunicación, estudiosa de la cultura rock contemporánea, y además, música, intérprete y compositora en grupos de rock, ella misma subiendo a escena como instrumentista.

La alianza perfecta de la creatividad y la libertad mediante la música, comunicación e Internet no es una bonita frase sino una posibilidad real en la práctica. La presente obra nos indica cómo ello es posible y Aina Ramis nos explica cómo llevarlo a cabo. Y la lectura de este libro nos hará un poco más libres, y quizás, más creativos.

Gabriel Jaraba
Doctor en Comunicación y Periodismo por la Universidad Autónoma de Barcelona, profesor e investigador. Autor de *Periodismo en internet, YouTuber, ¡Hazlo con tu Smartphone!* y *Twitter para periodistas.*

1

INTRODUCCIÓN

LAS NUEVAS REGLAS DEL JUEGO

La Red como espacio diverso lleno de oportunidades, recursos y un público que espera nuestra música

➲ El éxito de la música ya no depende de las posibilidades de distribución de una discográfica o de la publicidad que puedan proporcionar los medios de comunicación.

Internet no solo ha cambiado la manera de ver las cosas, sino también la manera de oírlas. En los años sesenta resultaba imposible imaginar que llegaría un día en el que cualquier pista musical podría ser escuchada en cualquier lugar del mundo y a través de varios dispositivos. Los medios de comunicación y las discográficas controlaban entonces la publicidad y la distribución de los artistas y grupos, y poco podían imaginar cuánto iba a cambiar el terreno de juego.

La irrupción de la Red en los hogares, en la manera de informarse y relacionarse, ha abierto un mundo de posibilidades nunca visto. El mundo es ahora más pequeño que nunca, y todo está mucho más cerca. La era de Internet ha llegado para quedarse, y con ella, todas las ventajas y oportunidades que ofrece el mundo digital. Sin embargo, algunos escépticos argumentan que la Red no ha hecho más que separarnos de nuestros amigos y familiares. Si bien la manera de comunicarse ha cambiado radicalmente, la Red también ha favorecido que familias que antes solo podían encontrarse por Navidad puedan verse y escucharse desde cualquier punto del planeta.

Antes de la era digital, el mundo musical aparecía como un ente cerrado, en el que, con alguna excepción, solo se podía triunfar con el apoyo del oligopolio de las discográficas, ya que de ellas y solo de ellas dependía la distribución. Ahora, gracias a Internet, se abre un mundo nuevo para los músicos que quieren dar a conocer su trabajo y dar sus primeros pasos. Las posibilidades de producción y distribución de la música ya no exigen recursos onerosos; cualquiera en su casa puede crear música y ofrecerla *online*.

La Red se erige así como un espacio diverso y conectado, lleno de posibilidades, herramientas, consejos, tutoriales, oportunidades y contactos. Y todo esto es accesible desde detrás de una pantalla. Hacerse oír está al alcance de cualquiera que disponga de un ordenador y una conexión a Internet. La gran cantidad de recursos que ofrece la Red, tanto tecnológicos como comunicativos, está ahí para ser aprovechada. No obstante, a pesar de las facilidades que Internet pone a nuestra disposición, es necesario tener en cuenta que el éxito musical no es algo que se consiga con facilidad. Es mucho más larga la lista de músicos que han fracasado en el intento que la lista de triunfadores. No es motivo para desanimarse, pero además de las posibilidades de la Red, es necesario tener en cuenta el esfuerzo, el talento y la perseverancia a la hora de triunfar en la música.

Desgraciadamente, no todo son maravillas en la era digital. Las oportunidades existen, sí, y están al abasto de todo aquel que tenga Internet, pero han sido precisamente estas oportunidades las que han abierto la mayor caja de Pandora jamás pensada: la desinformación. Aceptémoslo, Internet es un mar de conocimiento, un mar demasiado lleno, sobresaturado. Resulta cada vez más difícil encontrar un estilo de música novedoso, que capte la atención de los oyentes y la mantenga. Algo original, fresco, vivo. Esto no quiere decir que no exista. De hecho, con una simple búsqueda podemos obtener millones de resultados de grupos e intérpretes nuevos con una apuesta más que firme. El problema es que se pierden en este mar, y al final parece que no existen. Por eso es primordial aprender a diferenciarse del resto y presentar un producto que sea apetecible, lo que nos lleva a la segunda conclusión: es la audiencia, el público, la que decide si nos concede unos minutos de su tiempo para interesarse por nuestro trabajo. Y es que, como en toda acción comunicativa o publicitaria en Internet, los manuales siempre nos dicen que tenemos que saber qué le interesa a la gente, qué es lo que mueve al grupo de personas al que intentamos llegar. No obstante, en este punto entramos en un juego de contradicciones, y es que han sido muchas las veces en las que un intérprete ha gustado por no seguir la norma, no seguir lo que más gusta o lo que más está de moda. Y ahí es cuando se produce el cambio y puede hasta empezar una nueva era musical. Que se lo digan a ese chico extraño y hermafrodita llamado David Bowie, que con su rareza enamoró a millones de personas alrededor de la Tierra. También puede ser que fuera eso precisamente lo que la audiencia buscaba y necesitaba, pero eso jamás lo sabremos.

Los consejos y las herramientas que podemos encontrar en Internet para analizar los gustos musicales contemporáneos pueden ser muy útiles, pero la originalidad y la pasión del intérprete pueden marcar la diferencia. Tanto si estamos dentro del flujo musical del momento como si queremos salirnos fuera y marcar territorio nuevo, Internet ofrece posibilidades para ambos, solo hay que saberlas aprovechar. De hecho, no es necesario saber tocar un instrumento para cosechar el éxito en la Red. Existe una cantidad ingente de programas con pistas pregrabadas que nos pueden ayudar a ser el nuevo David Guetta.

> Las herramientas y oportunidades que ofrece Internet están ahí, solo tenemos que aprender a usarlas, tener paciencia y perseverar. El éxito no se consigue en dos días

Componer música es un ejercicio precioso, y es que a través de ello se pueden expresar sentimientos, opiniones, situaciones y experiencias de la vida de una manera u otra. La música puede ser enérgica, triste; puede hablar de la vida, de la muerte, de un día cualquiera. Puede convertirse en denuncia, en himno, en la banda sonora de toda una generación. Podemos moldearla hasta que alcance la forma que más nos guste y transmitir con ella todo tipo de momentos y sentimientos. Es una herramienta de comunicación milenaria que ha perdurado hasta nuestros días. Todo aquel que la ame, que haya disfrutado con una canción como si estuviera escrita para él y para ese justo momento, sabe el poder que tiene, y de ese poder nos vamos a valer para componer y para comunicar lo que queremos con ella. Y es que en el fondo, la música es un medio de comunicación. Es portadora de culturas, transmisora de momentos. Sirve para explicar historias como antes lo hacían los juglares, y con el paso del tiempo se ha convertido en parte de la vida de todos. Todos escuchamos música en algún momento u otro de nuestro día, ya sea a través de anuncios, en el cine, en la calle, en la oficina o por voluntad propia. Hay quien no se imagina la vida sin ella, y con razón.

La tecnología contemporánea tiene muchos usos. Uno de los más importantes es el de facilitar la vida a las personas, y en este caso debe servir para acercar una manera de expresarse, la música, a un público potencial. Ya hemos dicho que la llegada de Internet ha supuesto un cambio a la hora de hacer música y de acercarla a las personas, pero sería de ilusos perder de vista al gigante que hace no pocos años lo controlaba todo: las discográficas. El gran imperio discográfico aún tiene muchos ases en la manga, y es que todavía resulta difícil, si no imposible, igualar su repercusión. Mantienen una elevada influencia en los gustos musicales de las personas, controlan qué se escucha o no se escucha por la radio y la televisión gracias a los contratos con los medios y son las que, a efectos prácticos, consiguen con sus tentáculos dirigirse a un mayor número de personas. Tienen más valor del que nos pensamos, y si conseguimos llegar a ellas, el camino al éxito será mucho más fácil y con menos piedras por el camino, pero a cambio de un precio. Hablaremos de las discográficas en este manual, de sus oportunidades y de cómo nos podemos acercar a ellas, pero sin olvidar el gigante que son.

Las oportunidades que ofrece Internet han simplificado las cosas. Aquellas herramientas que antes solo eran propias de estudios de grabación, generalmente caros, ahora están a disposición de todos. Los tutoriales de Youtube, los millones de manuales y libros *online*, los cursos gratuitos y de bajo coste que hay en la Red han facilitado que, personas que antes no tenían tiempo o dinero se hayan podido permitir clases particulares. Las redes sociales tales como Facebook y Twitter han favorecido que músicos de todo el planeta puedan formar un grupo aunque estén a miles de kilómetros. Las plataformas de microfinanciación ofrecen un dinero a grupos primerizos que no disponen del capital suficiente para grabar una maqueta en condiciones. Instagram, Pinterest y otras plataformas que dan prioridad a las imágenes han aportado un mundo de ideas donde los artistas pueden buscar inspiración para sus logos y portadas. Músicos de alrededor del mundo ha subido sus tablaturas a Internet para que cualquier persona pueda tocar su canción favorita en la guitarra o al piano sin tener que aprender una sola nota ni saber solfeo. Las posibilidades son infinitas. De hecho, uno de los mayores avances que ha beneficiado en gran medida a la comunidad de músicos independientes en Internet son las DAW o Estaciones de Trabajo Digital, también llamadas secuenciadores. Son programas de grabación y edición musical que antes solo estaban disponibles para discográficas. Ahora, con Internet, están al alcance de todo músico y cualquiera puede grabar así una canción al mínimo coste. Este manual te permitirá exprimir todas las herramientas que la Red ofrece al creador, tanto si eres compositor como intérprete, artista individual o grupo para crear, grabar, gestionar y dar a conocer tu música. Además, aprenderás los trucos más ingeniosos para que, desde casa, tu creación llegue lo más lejos posible dentro y fuera del mundo digital. Tanto si empiezas desde cero como si ya tienes experiencia, aprenderemos a aprovechar el *software* libre, las redes sociales, el marketing digital, las plataformas de grabación y distribución y mucho más. Te convertirás en tu propio productor y aprenderás a gestionar tu música desde cero, además de conocer todos los derechos que tienes como músico. ¡Comienza tu incursión musical en el mundo digital!

2

APRENDE DE QUIENES LO HAN CONSEGUIDO

MÚSICOS QUE CRECIERON EN INTERNET

Sobre los que ya recorrieron el camino que nosotros estamos por hacer

➲ Plini, Pentatonix, Justin Bieber, Alessia Cara, Pablo Alborán, Madilyn Bailey, Boyce Avenue, Ed Sheeran. El éxito de aquellos que salieron de plataformas *online* como Youtube y Bandcamp

¿Qué mejor manera de aprender a hacer algo que observar a aquellos que ya lo saben hacer? Existe una gran multitud de músicos y grupos que deben parte de su éxito, si no todo, a la Red. Colgaron sus vídeos en Internet, compartieron su música a través de distintas plataformas y esperaron. Esperaron. A veces sin imaginar la repercusión que sus vídeos iban a tener. Y es que la plataforma Youtube, una de las más usadas para compartir música original, ha visto pasar gran cantidad de artistas que luego han acabado llenando salas de conciertos.

Seguro que has oído hablar de Justin Bieber, el niño prodigio. Vuelve locos a millones de adolescentes alrededor del mundo y los fans se pelean por entrar los primeros a sus conciertos. Puede gustarnos su música en mayor o menor medida, pero lo que es indiscutible es el éxito que ha cosechado. La distribución de sus álbumes los lleva a cabo actualmente su discográfica, pero su éxito se lo debe a Youtube. La plataforma lo colocó en el punto de mira de un cazatalentos y desde ahí, todo fue cuesta arriba. Su madre le grabó mientras cantaba, con tan solo 12 años, y lo subió a Youtube. Poco tiempo más tarde, el empresario del mundo de la música Scooter Braun buscó a ese niño que había visto en Internet por todos los colegios de Ontario, Canadá, y lo encontró. «Estamos listos para enseñar al mundo a Justin Bieber» decía un tweet suyo del 8 de abril de 2009.

El interés por la música había hecho de este niño un loco por la batería, la guitarra, el piano y la trompeta. Había aprendido a tocar todos estos instrumentos de forma autodidacta y su madre tuvo el acierto de subirlo a Youtube. Una cosa parecida le pasó al músico malagueño Pablo Alborán. Desde los doce años ya componía canciones propias pero no fue hasta que empezó a subir vídeos a MySpace y más tarde a Youtube cuando el mundo supo quién era. Su primer vídeo consiguió más de dos millones de visualizaciones.

En sus inicios, es posible que el éxito de estos dos músicos no fuera conocido, pero el alcance y las posibilidades de Internet quedan más que demostrados con estos dos casos. Y si ellos pudieron hacerlo, también puede cualquier músico. No se trata de llegar y besar el santo, si las cosas fueran tan fáciles ya tendríamos veinte Justin Biebers actuando en todos los estadios del mundo. Requiere perseverancia (tal vez la palabra que más vas a ver repetida en este manual), paciencia, dedicación y sobretodo, pasión. Pero eso último, si quieres hacer música, seguro que ya lo tienes.

Muchos de los músicos exitosos que salieron de Internet, por no decir la mayoría, usaron la plataforma Youtube, una red social audiovisual que permite compartir cualquier tipo de contenido -bajo unas normas y condiciones- en forma de vídeo. Se trata de una red social que «no se limita a reproducir vídeos, sino que relaciona a sus usuarios entre sí y constituye [...] un espacio colaborativo e interactivo»[1]. Es el nido de tutoriales más grande del mundo. Gracias a él podemos aprender a

1. *Youtuber. Cómo crear vídeos de impacto y triunfar con ellos en Internet.* Gabriel Jaraba. Redbook Ediciones, Barcelona 2015.

hacer casi cualquier cosa: cocinar, cambiar una pieza de un aparato tecnológico, maquillarse, bailar, hablar un idioma o tocar un instrumento. Según el estudio global realizado en 2018 por las empresas We Are Social y Hootsuite[2], Youtube se presenta como la segunda red social más usada del mundo -después de Facebook- con alrededor de 1.500 millones de usuarios activos cada mes. Esa es la plataforma a la que los músicos apuntan para empezar y la más recomendada. Por eso, cuando tengas tu música, sería muy buena idea abrirse una cuenta en Youtube y empezar a escalar por ahí.

Por otra parte, también tenemos casos como el de Plini, el de Pentatonix o Boyce Avenue. Plini es un arquitecto australiano que hace trastadas con su guitarra, un prodigioso del rock progresivo que empezó en Internet, y sus fans lo conocieron a través de amigos que compartían su perfil y en conciertos menores que después lo catapultaron a la fama. No es tan conocido como Justin Bieber -el rock progresivo tiene más dificultades para reproducirse que el pop y otros estilos más genéricos- pero los conciertos que proporciona no están nunca vacíos, al contrario. Como estos, gran cantidad de músicos empezaron (y siguieron) en las redes sociales. Plini, además de otras plataformas, usa un portal de obligada visita: Bandcamp. Junto a Spotify, esta herramienta destaca por ser una de las más potentes y utilizadas para la promoción musical propia. Las ventajas que ofrece Bandcamp son muchas, y es que tú mismo puedes fijar el precio que quieres que tengan tus canciones, si has decidido empezar a cobrar por ellas. La comunidad de Bandcamp suele ser respetuosa, porque sabe que la gran cantidad de músicos (por no decir todos) de la plataforma no son conocidos y buscan hacerse un hueco en la esfera musical, así que siempre hay alguien dispuesto a echar una mano y comprar un disco o un par de canciones para apoyar al artista en cuestión. También puedes cobrar solo por su descarga pero ofrecer la escucha gratuita a través de *streaming*. Es decir, escucharme es gratis pero si me quieres tener en tu teléfono, en tu ipod o en un disco tendrás que pagar esta pequeña cantidad, que nunca suele ser la misma que un disco del mercado. Échale un vistazo a la página de Plini en Bandcamp, verás que es sencilla y que no tiene mucho misterio: *plini.bandcamp.com*

Si aún no conoces Pentatonix y Boyce Avenue, dos grupos de *covers* o versiones que se han hecho famosos por su impresionante estilo, échales también un vistazo en Youtube. Pentatonix, con dieciséis millo-

2. *Global Digital Report 2018*. We Are Social, Hootsuite.
wearesocial.com 2018

nes de seguidores en Youtube a fecha de diciembre de 2018, reúne cinco voces que empezaron con tres de los chicos grabando un vídeo en Youtube para un concurso. Ahora actúan en vivo y en directo. Y es que aquel que persigue ser escuchado aprovecha todas las oportunidades que se le presentan. Más adelante hablaremos de cómo estar presente en todas partes, en todos los concursos y oportunidades que surjan. Eso será lo más importante para no quedarse esperando, ya que tener una actitud activa que invite al éxito a acercarse a nosotros es clave. La pasividad nunca es una opción y eso lo saben bien Alessia Cara y Madilyn Bailey, que antes de firmar con una discográfica no pararon con sus versiones de canciones en Youtube, una detrás de otra. Ahora, sus fans rememoran los primeros pasos de las artistas comentando los antiguos vídeos que subieron a la red social. Cabe decir que, aunque ahora actúen también en escenarios, no han dejado de subir canciones a la plataforma que las hizo famosas en primer lugar.

> ⮑ Compartir nuestra música primero con nuestros conocidos nos abrirá las puertas hacia el público que aún no nos conoce. La distribución crecerá de dentro hacia fuera.

Los músicos que han triunfado lo han hecho a partir de los vídeos y los enlaces compartidos, que han corrido por Internet como la pólvora, y eso solo se puede comparar al boca a boca de la calle. Poco a poco, compartiendo primero entre familiares y amigos, se consigue llegar a un número reducido de personas a las que les gusta tu música y también te quieren y te aprecian por tu relación personal con ellos. Después, el objetivo es llegar a las personas que no te conocen, no te aprecian (aún). En definitiva, no saben nada de ti. Si consigues que, de alguna manera, escuchen tu música, ya habrás dado un paso muy importante. Si les gusta, que ese ya es otro tema, lo compartirán con otras personas, y ahí es cuando la rueda empezará a girar sola. Cuanto mejor y de mejor calidad sea la música que compartimos, más minutos serán escuchados, más gustará, y más dispuestas estarán las personas a compartirla. Por eso, lo primero que necesitamos es seleccionar nuestro estilo musical o juguetear con un par de ellos, conseguir influencias y componer o hacer versiones, y grabar nuestro primer vídeo o canción con lo que tengamos a mano y subirlo a Internet. Profundizaremos en esto más adelante pero lo que sí tienes que tener claro es que en Internet el boca a boca funciona, y Justin Bieber y todos los artistas mencionados son una prueba de ello. Las claves son las redes sociales, el boca a boca en la vida real, el boca a boca *online*, y la publicidad que tú y los tuyos podáis hacer para llegar a oyentes potenciales que luego compartirán tu música.

Asimismo, es fundamental entender que no existe una fórmula exacta para alcanzar el éxito, y que jamás sabremos con qué forma se nos presentará la suerte. El denominador común de todos los artistas que salieron de Internet fue la constancia. Sí, algunos subieron más vídeos que otros, y en algunos el factor suerte tuvo mucho que ver, pero todos estaban ahí. El que no está en Youtube, en las redes sociales, en Internet, es muy difícil de encontrar. Casi podríamos decir que no existe. Cuanto más nos esforcemos y cuanta más visibilidad potencial podamos conseguir, mayores serán las probabilidades de ser escuchados y compartidos, lógica pura y dura. Y tal vez, cuando menos nos lo esperemos, sonará la flauta y nuestros vídeos cobrarán la importancia que se merecen. No hay que perder la esperanza, hay que mantener una actitud positiva y más cuando hay más personas que intentan hacer lo mismo que nosotros en el mismo espacio. Los que más duren serán los que no se rindan.

La primera recomendación es que analices los vídeos de los artistas mencionados de ahora y después sus primeros vídeos, los vídeos con los que empezaron. Fíjate en el sonido, en la posición de la cámara, dónde apunta la imagen, qué plano están usando y sobretodo, cómo transmiten su música. En el caso de Justin Bieber estos ejemplos no sirven porque no se tuvo en cuenta absolutamente nada. La madre no esperó nunca resultados de ese vídeo, solo quería enseñarle al mundo lo orgullosa que estaba de su hijo ahí subido al escenario. Por eso, como la suerte no podemos controlarla, iremos a lo seguro: al trabajo duro, la constancia y la perseverancia. Un buen ejemplo de estas cualidades es el inglés Ed Sheeran. Sus padres, en vez de comprarle videojuegos, le compraron una guitarra y muchos libros para que aprendiera, además de apuntarlo al coro de la iglesia de su ciudad. Pasó gran parte de su adolescencia componiendo canciones, muchas inspiradas en The Beatles, Eminem y Bob Dylan, la música que le ponían sus padres. En 2004 graba de forma independiente con unos ahorros su primer disco o EP (Extended Play), llamado *The Orange Room*. Es decir, se buscó la vida cuándo y dónde pudo con los recursos de los que disponía.

El caso de Ed Sheeran

Cuando Ed Sheeran se trasladó a Londres en 2008 empezó a buscar bares, pubs, salas donde le dejaran tocar. Y en ocasiones solo había seis personas que lo escuchaban. Esa fue su mejor escuela, porque el chico era tímido (de hecho, en muchos momentos aún lo es) y le costaba mostrarse delante del público. En 2010, el éxito llegó en bandeja de plata: Youtube. Empezó a subir vídeos a la plataforma al mismo tiempo que conseguía aparecer en un programa de radio de renombre en Los Angeles, donde se fue a probar suerte. Fue sumando adeptos hasta que lo descubrió el excéntrico Elton John, que lo puso en contacto años más tarde, en 2011, con Atlantic Records. Y de ahí, hasta el cielo. Ahora llena el Palacio de Deportes de Madrid, el Palau Sant Jordi de Barcelona y las entradas se agotan en cuestión de días.

Esto solo es una serie de ejemplos de músicos que supieron y saben hoy día aprovechar las ventajas de la Red, pero hay muchos más. Si investigas los mencionados en este capítulo podrás ir cogiendo ideas de sus perfiles, su manera de presentarse ante ti, las plataformas que usan, aspectos sonoros y visuales... Ellos también empezaron algún día, y lo hicieron con escasos recursos y con muy pocos conocimientos, solos o dirigidos por alguien que sabía más. En este manual aprenderemos a valernos de nosotros mismos mediante la práctica y la constancia, no sin antes haber aprendido todo lo posible de los que ya están ahí.

3

LOS PRIMEROS PASOS DEL CREADOR MUSICAL DIGITAL

LO QUE HAY QUE SABER SOBRE COMPOSICIÓN MUSICAL

Conocer nuestros puntos fuertes y qué música va con nosotros nos ayudará a potenciar la creatividad

➥ Primeros pasos. Cómo inspirarse y aprender a componer con las herramientas que ofrecen los tutoriales, las apps y los recursos *online*

El primer paso para todo músico que se quiera hacer oír en el mundo digital es ejercer el autoanálisis. ¿Qué sé hacer? ¿Toco algún instrumento? ¿Hay algún instrumento que me gustaría aprender? ¿Solo quiero cantar? Si ya sabemos tocar algún instrumento y nos gusta su sonido, nos inspira, podemos contar cosas con él, etc., sabemos que estamos en la senda adecuada. Si también queremos cantar, por ejemplo como Madilyn Bailey, una chica que empezó en Youtube con su guitarra, podemos apuntarnos a clases de canto o aprender a moldear nuestra voz a través de los tutoriales que ofrece Internet. Para cantar, debes aprender a respirar con el diafragma. Ese es el primer paso para los cantantes. Puedes encontrar tutoriales interesantes en Youtube, como el canal *christianvib*, donde un equipo variado de músicos te enseña a entender y moldear tu voz para usarla debidamente. Este canal, que empezó en 2006, además cuenta con tutoriales para aprender a tocar la guitarra y trucos básicos para el piano y la batería. También puedes consultar el canal de Cecilia Suárez, una soprano que empezó su aventura en Youtube desde 2017 con el canal *Cómo Aprender a Cantar BIEN*. Ten en cuenta que aprender a cantar, así como aprender a tocar un instrumento, requiere mucha práctica y constancia. Es un proceso de meses, tal vez años.

Tanto si quieres aprender a tocar un instrumento como si solo quieres cantar o te apetece hacer música electrónica, es preciso que incorpores en tu rutina del día a día un par de minutos para practicar. Si al cabo de unas semanas consigues no pensar en la hora de la práctica como una obligación, sino como un momento de disfrute personal, habrás avanzado mucho. El día a día, rápido, cronometrado, a veces no nos permite disfrutar debidamente de nuestros hobbies, y nos topamos con muchas dificultades a la hora de incluir eso que nos distrae, que nos hace sentir bien, libres, en nuestra jornada. Tocar un instrumento -incluyendo la voz- nos libera de las ataduras del día a día, nos hace sentir bien, mejora nuestra capacidad de atención y al mismo tiempo nos evade de las preocupaciones. La música también es un ejercicio, y si conseguimos incorporarla a nuestra rutina ya tendremos mucho ganado.

Guía de tutoriales para aprender a tocar un instrumento

A continuación puedes encontrar una serie de tutoriales y aplicaciones *online* para aprender a tocar un instrumento. Ten en cuenta siempre Youtube como página de referencia, ahí siempre podrás encontrar tutoriales para aprender a hacer cualquier cosa. Puedes empezar con esta selección y después ir profundizando en otras plataformas y otros perfiles según el instrumento que quieras tocar. Si hablas inglés, tal vez te interese buscar tutoriales en ese idioma, ya que después del chino y el español, es el idioma nativo más extendido en el mundo. Los materiales en inglés pueden servirte cuando no encuentres material en español que satisfagan tus necesidades, a modo complementario. En esta tabla te ofrecemos los instrumentos más comunes, pero en Internet puedes encontrar un cursillo básico de cualquier instrumento que te propongas tocar, aunque se trate de uno más inusual como lo puede ser un sitar o un cuenco tibetano:

Instrumento	Web/canal	Apps
Voz	- Canal *christianvib* en Youtube, nivel muy básico, o sin conocimiento previos. Cuenta con varios profesores y contenido diverso. - Canal *Cómo Aprender a Cantar BIEN* en Youtube, conducido por una profesora de canto, nivel básico a intermedio. - Canal *Gret Rocha* en Youtube. Esta cantante e instructora vocal te enseñará a entender y a usar tu voz.	- *Vox Tools* (Android e iOS), con ejercicios para calentar la voz. Gratuita. - *Vocaberry* (Android y iOS), ideal para cantar canciones con ayuda de la app. Te ayuda también a afinar. Gratuita. - *Aprenda a Cantar – Sing Sharp* (Android), útil para calentar la voz, con ejercicios. Gratuita con opciones avanzadas de pago
Guitarra	- Canal *christianvib* en Youtube, para niveles muy básicos y principiantes con algunos conocimientos. Contenido diverso. - *www.guitarlessons.com,* nivel básico a intermedio. Portal en inglés con clases de guitarra estructuradas por nivel. Muy útil. - *www.cifraclub.com,* nivel intermedio-avanzado. Página web con gran cantidad de canciones y sus respectivos acordes. Dispone de un diccionario de acordes.	- *Clases de guitarra – aprende paso a paso* (Android), con manuales sencillos y directos para empezar desde cero y con vídeos. Gratuita. - *Coach Guitar* (Android e iOS), muy útil para aprender canciones hasta niveles avanzados. Con clases. Gratuita con opciones de pago. - *AllChords* (Android), biblioteca de acordes de guitarra. Gratuita. - *Songsterr Tabs&Chords* (iOS), biblioteca de acordes. Gratuita con opciones de suscripción de pago.

Piano	- Canal **christianvib** en Youtube, nivel muy básico pero útil. Contiene pocas lecciones pero van al grano. - *escuelad:musica.net,* web imprescindible si no sabes tocar el piano. Cursos gratuitos desde cero muy bien estructurados. También tienen canal de Youtube. - Canal *Hoffman Academy* en Youtube. Es el mejor curso que vas a encontrar en Youtube. La única dificultad es que está en inglés, pero le puedes poner subtítulos. Si hablas inglés, este es tu tutorial.	- *Pianist HD: Piano+* (Android) - *Piano HD* (iOS). Muy completa, con las notas de cada canción. Gratuita con varias opciones de pago. - *Simply Piano Joy Tunes* (Android y iOS), útil para aprender desde cero. Está en inglés con subtítulos en español. Gratuita. - *Perfect Piano Learn To Play* (Android y iOS), muy completa, con la opción de grabarte con micrófono o MIDI para pasarlo después al ordenador. Gratuita.
Bajo	- Canal *RafaSlapBass – Rafa Beltrán* en Youtube. Contenido diverso tanto para principiantes como músicos con nivel intermedio y alto de bajo. Enseña distintas técnicas de forma didáctica. Muy recomendable. - Canal *ChordHouse* en Youtube, por el bajista Luis Guillermo. Serie de vídeos para principiantes, en un nivel muy básico. Curso para empezar	- *Aprende a tocar bajo eléctrico,* (Android e iOS). Nivel principiante, con ejercicios pautados de repetición para calentar y tocar más rápido. Gratuita. - *Bass Chords & Scales (free),* (Android e iOS) te ofrece todos los acordes de bajo con su demostración en audio, con escalas y una interfaz muy intuitiva.
Batería	- Canal *FelipeArroyaveGiraldo,* en Youtube. Curso de más de 50 vídeos para todos los niveles con diferentes técnicas y muchos trucos. Muy útil. También con tutoriales de canciones. - Canal *ZebenDrums*, en Youtube. Muy completo, con ejercicios de varios minutos para practicar. Cuenta con tutoriales con todo tipo de contenido. Te enseñan a tocar muchas canciones por partes de manera sencilla y directa.	- *Aprender a tocar Batería* (Android e iOS. En iOS puede que la encuentres como *Learn to Play Drums).* Aplicación con ejercicios sencillos para aprender a tocar distintos estilos de música. - *Real Drum* (Android e iOS), muy sencilla y divertida. Te permite grabar sonidos tocando la batería en la pantalla. Si se te ocurre algún ritmo lo puedes grabar para después. Con ejercicios fáciles.

Drumpads y sintetizadores	- Thomann, blog para músicos: *https://www.thomann.de/blog/es/ sintetizadores-para-principiantes/*Thomann es una tienda de música con un blog muy interesante. Esta introducción para principiantes a los sintetizadores te aclarará muchas dudas. Muy recomendable. - Canal *Nico Astegiano* en Youtube. Vídeos interesantes sobre la producción musical con explicaciones sobre el manejo de sintetizadores.	- *Drum Pad Machine* (Android e iOS), para los que nunca hayáis tocado un Drumpad. Ofrece lecciones interesantes. Gratuita con opciones de pago. - *Syntronik* (iOS), incluye 44 sintetizadores. Gratuita con opción de compra. - *ORG 2019* (Android). Permite grabar melodías con distintos sonidos y después descargarlas en tu ordenador. Gratuita.

Es posible que cuando uses las aplicaciones gratuitas en el móvil te salten anuncios. Algunas apps sobreviven así, mediante publicidad. Los desarrolladores ganan una pequeña cantidad de dinero por anuncio visionado mientras tú usas la aplicación de forma gratuita. De esta manera, el trabajo de desarrollo que han llevado a cabo no es en vano. Otras apps, normalmente un poco más elaboradas, con más contenido o con mejores efectos visuales, tienen un coste. Valora si la aplicación merece la pena y no tengas miedo de pagar una pequeña cantidad por mejores prestaciones.

Muchas aplicaciones y cursos *online* para aprender a tocar un instrumento usan el modelo de negocio conocido como *freemium*. Te ofrecen una app o un curso de forma gratuita pero con limitaciones. Si quieres contenidos especiales, mejores o en mayor cantidad, cuenta con un servicio de pago. Es una buena manera de que el usuario estime si el servicio merece la pena y si quiere pagar por él. Este es el caso de *flowkey*, una aplicación (también página web) con un nivel muy alto de valoraciones positivas para aprender a tocar el piano. Ofrece de manera gratuita las clases introductorias para niveles básicos, pero eso no es lo mejor. *Flowkey* cuenta con una gran biblioteca de canciones para que te las aprendas con el piano sin necesidad de leer la partitura, aunque la tendrás también abajo para usarla si la sabes leer. Te permite conectar tu piano a la aplicación o al ordenador para más interactividad y cuenta con cursos de todo tipo: escalas, canciones paso a paso, acordes.

Si de verdad quieres aprender a tocar un instrumento y prefieres hacerlo sin clases particulares, a tu ritmo y donde te sientas más cómodo, no dudes en hacer una pequeña inversión en aplicaciones y cursos *online* que merezcan la pena. Gracias a Internet ya no es necesario que te desplaces para ir a una academia o busques un profesor particular físico. La Red está llena de cursos que se adaptan a tus necesidades. La única desventaja que ello puede tener es que no tendrás nadie a tu lado para corregirte físicamente la posición de los dedos o cuestiones más técnicas, cosa que sí haría un profesor particular. Valora tus necesidades y sabrás qué opción se ajusta más a ti.

La composición musical y la inspiración

Se conoce como composición musical el proceso que tiene por objetivo la creación de una pieza musical. Que este proceso se lleve a cabo con éxito depende de diversos factores como la inspiración, los conocimientos sobre composición musical que tengamos y la experiencia. Aprender a componer no es una tarea fácil, es un proceso que requiere formación, tiempo y paciencia. Aunque hoy en día se le pueda llamar música a casi todo, lo cierto es que una pieza musical debería contar con una cierta armonía, una melodía y un ritmo. Es decir, el proceso de composición es libre, pero la música, nos guste o no, es un arte matemático y requiere una cierta estructura y un cierto sentido. Así pues, ¿cómo compongo una canción? Puedes seguir muchos caminos a la hora de escribir una canción. Aquí te dejamos, paso a paso, uno de los caminos más frecuentes:

1. **Escribe en papel o en el ordenador el principio de idea que tienes.** Deberás apuntar la idea general de tu canción y los elementos que la hagan posible. Hazte las siguientes preguntas y asegúrate de poder responderlas:
   ¿Cuál es la idea o concepto general que quiero transmitir?
   Consejo: intenta expresar esa idea en el menor número de palabras posibles.
   ¿Tiene letra? Empieza entonces a escribir lo que tengas, da igual si no sigue una estructura. El consejo: lleva siempre contigo un cuaderno para apuntar las ideas que te vengan a la cabeza estés donde estés.

2. **Elabora un primer borrador.** Esboza una estructura general para la canción, que te permita repartir la letra que tienes o al menos, elaborar un estribillo, sea con o sin letra. Una de las estructuras más usadas en estilos como el pop o el rock es el siguiente:

   A) Entrada/verso

   Cuenta con cuatro estrofas con rima ABBA (esto quiere decir que el primer y el cuarto párrafo riman entre sí, igual que el segundo con el tercero).

   B) Estribillo

   Ritmo pegadizo, identifica a la canción entre las demás. Es el corazón del tema. Muchas veces contiene el título de la canción. A veces cuenta con un "pre-estribillo", una parte que nos indica que llega el estribillo en sí.

   C) Verso

   D) Estribillo

   E) Puente o *bridge*

   Después del segundo estribillo a veces la canción cuenta con un solo de guitarra, un solo de batería, un trozo de letra diferente, etc. Se trata de una pausa, un puente, que conecta dos partes de una canción para construir armonía. En el rock, el *bridge* suele ser un solo.

   F) Estribillo o final alternativo.

3. **No te fuerces.** Escribe la letra cuando te salga, cuando estés inspirado. Lo mismo con la estructura de la guitarra y los acordes que la formen. Lo mismo para tu melodía con el piano. Tómate tu tiempo y empieza a componer, dentro de una estructura sencilla, cuando te encuentres con ganas de hacerlo, sin presiones. Así, poco a poco, irás construyendo tu canción.

4. **Terminada la letra o la estructura (si no tienes letra), agrega los instrumentos que vas a usar.** La profundidad de la canción dependerá de la cantidad y calidad de los instrumentos que uses. Si tocas el piano, piensa en incorporar diversas capas que puedas grabar después una encima de la otra para dotar a la canción de mayor cuerpo.

5. **No te olvides de las anotaciones a pie de página.** Apunta todo lo que vayas a necesitar y todas las ideas que se te ocurran. «Aquí iría bien un sintetizador que sonará muy agudo para acentuar el riff de guitarra y que suene algo parecido a John Paul Jones.»

Este es el principio de la letra de la canción *El universo sobre mí*, de Amaral, el dúo de la cantante Eva Amaral y el guitarrista Juan Aguirre. Fíjate en cómo la podemos dividir en partes bien diferenciadas: y después intenta hacer tú lo mismo con tus canciones de tus artistas y grupos favoritos. La estructura no es siempre la misma ni mucho menos, deberás encontrar tú el patrón que forma la letra. Fíjate en las frases que se repiten. Lo más fácil de encontrar es el estribillo:

Solo queda una vela
Encendida en medio de la tarta
Y se quiere consumir   Entrada/VERSO 1
Ya se van los invitados
Tú y yo nos miramos
Sin saber bien qué decir

Nada que descubra lo que siento
Que este día fue perfecto
Y parezco tan feliz   VERSO 2
Nada como que hace mucho tiempo
Que me cuesta sonreír

Quiero vivir, quiero gritar, quiero sentir el
universo sobre mí
Quiero correr en libertad, quiero encontrar   ESTRIBILLO
mi sitio

Una broma del destino
Una melodía acelerada
En una canción que nunca acaba
Ya he tenido suficiente   VERSO 3
Necesito alguien que comprenda
Que estoy sola en medio de un montón de
gente

¿Qué puedo hacer?

Quiero vivir, quiero gritar, quiero sentir el universo sobre mí

Quiero correr en libertad, quiero llorar de felicidad

Quiero vivir, quiero sentir, el universo sobre mí

Como un náufrago en el mar, quiero encontrar mi sitio

ESTRIBILLO

> ▶ **El consejo:** Usa los bancos de rimas como *rimas.es* o *rima-dor.net* para encontrar esa palabra que necesitas pero que se te atasca.

Así es como, normalmente y en términos muy generales, se estructura una canción. Piensa que siempre hablamos de supuestos generales. La música, al ser un arte, permite todo tipo de variaciones, interpretaciones y maneras de realizarse y expresarse, así que será tarea tuya encontrar una manera de expresar tus ideas con ritmo, armonía y una cierta melodía. Este es un ejemplo para que te des cuenta de cómo podrías estructurar tu canción cuando lo necesites. Después, puedes introducir todas las variaciones que quieras. El estribillo puede ser más corto, puedes cortarlo por la mitad, introducir de fondo un solo que después se reproduzca otra vez en el *bridge* o al final de la canción, etc. No te preocupes, eres libre para hacer música como más te guste. Si tu canción responde a una estructura tendrá sentido.

➔ Para componer letras para tus canciones, lleva siempre contigo un cuaderno y cada vez que experimentes un sentimiento intenso, escribe lo que sientes.

Ten en cuenta también que en la composición musical existe un factor muy pillo que aparece y desaparece según el día y el momento, y curiosamente, será uno de los más condicionantes a la hora de componer: la inspiración. Si está, hay que aprovechar el momento. Si no está, podemos usar una serie de truquillos para que aparezca, pero si aun así no lo hace, es inútil forzarla porque solo generaremos frustración. La inspiración es caprichosa, a veces se presenta en momentos poco esperados y por eso es muy aconsejable para los músicos llevar siempre encima un cuaderno de notas. También se puede usar el móvil, solo se trata de llevar algo encima que nos permita apuntar una idea en el momento en el que se nos ocurra. El móvil puede ser muy útil para grabar melodías, ritmos o letras y después poder escucharlas con tranquilidad para elaborarlas un poco más. Cuando tengas esa grabación, de camino al instituto, de camino al trabajo, cuando vayas a ver a tus amigos, cuando hagas algún tipo de tarea, escucha esa melodía con unos auriculares. Llévala contigo a todas partes. Cuando la escuches, se te irán ocurriendo otras melodías, ritmos, letras, que puedes ir apuntando para más tarde. Esa es la manera más fácil de incorporar la producción de música en tu rutina y dejar que la inspiración acuda a ti cuando menos te lo esperes. Cuanto más entrenes tu oído, más posibilidades tendrás de tener ideas buenas que encajen con lo que ya tienes grabado. Al fin y al cabo, se trata de una cuestión de práctica y hábito.

Consejos para llamar a la inspiración

Para algunas personas, componer música es un ejercicio fácil, que solo requiere sentarse un momento con el instrumento y dejar que la inspiración y los sentimientos hagan de las suyas. Traducir una idea a una canción es un proceso que resultará más fácil cuanta más práctica tengamos. Obviamente, siempre que hablemos de música hablaremos en términos generales, puesto que no hay verdades absolutas, ya que se trata de un arte. El arte no tiene fronteras, y si las tiene, se trata de líneas muy difusas. Componer una canción es un proceso que puede llevar años o minutos. Depende de muchos factores que podemos controlar y de muchos más que no conocen control alguno, como la inspiración. Cuando necesites inspiración para componer, se trate del estilo de música que se trate, puedes probar con los siguientes consejos:

❏ **Encuentra un lugar de tu casa** (seguramente tu habitación encajará en esta descripción) donde te sientas seguro, donde suelas pasar la mayor parte del tiempo. Siéntate en un sitio cómodo, cierra los ojos y concéntrate en el sentimiento que tienes en ese momento. Explícaselo a una persona imaginaria que tendrás delante de ti sin miedo a mezclar palabras, frases o expresiones. Apunta todo lo que te venga a la mente en el cuaderno que tendrás a tu lado.

❏ **Escucha música a todo volumen.** Si te encuentras en un buen estado de ánimo porque has tenido un buen día o te ha pasado algo bueno, sube el volumen y baila. Deja que los sentimientos se traduzcan en movimientos corporales. No sientas vergüenza, estás solo y nadie puede juzgarte. Exprésate y canta o tararea la canción que estés escuchando. Cuando te sientas preparado, coge tu instrumento y practica. El sentimiento que lleves encima hablará por ti y puede que se traduzca en melodías, ritmos y letras para tu nueva canción.

❏ **Escucha música variada.** Cuando no sepas qué escribir o estés aburrido de un mismo estilo o una misma estructura, o si siempre te sale lo mismo cuando compones, escucha otros estilos de música, aunque no te gusten. Te puede sorprender el efecto que esas melodías tengan en tu mente. Entrenarás tus oídos y podrás coger ideas de otros estilos musicales.

❏ **Lee las letras de tus canciones favoritas en voz alta**, como si fueras un poeta. Cuando termines, sigue recitando con lo que se te ocurra. Si la canción habla de frustraciones, continúa explicando lo que te frustra en tu día a día.

❏ **Copia.** Nadie compone música sin ningún tipo de influencia. Todo suena a algo, todo se *parece* a algo. No se trata de copiar una canción acorde por acorde, sino de partir de una canción conocido para componer algo nuevo. Apréndete de memoria, con el instrumento que tengas, una canción que te guste mucho. Ve modificándole estrofas, ritmos y melodías que te vayan saliendo. Es un buen punto de partida para desatascar el proceso creativo si no te encuentras muy inspirado.

❏ **Practica, practica y practica.** Coge un hábito. Empieza por melodías simples, uno, dos, tres. Un ritmo sencillo. Si quieres componer una letra, empieza explicando cómo te ha ido el día o cómo te has sentido en un determinado momento. Las ideas invitan a las ideas, y a veces la mejor forma de que la inspiración acuda a ti es tocar tu instrumento sin esperar a que venga. En algún momento u otro, se te ocurrirá una idea que podrás desarrollar. Lógica pura, cuanto menos toques tu instrumento menos cómodo estarás a la hora componer.

¿Qué estilo de música va más conmigo?

Tenemos la inspiración, tenemos una idea aproximada de cómo será nuestra canción. Pero... ¿y ahora qué? ¿Cómo expreso yo esta idea que tengo? Pues busquemos primero de todo el estilo musical que vamos a usar para expresarnos. Pop, rock, jazz, fusión, flamenco, rap, hip-hop, trap, lírico, ópera... existen más estilos musicales de los que te puedas imaginar. Y después, de cada estilo surgen variaciones. Por ejemplo, en relación con el rock también existe el pop-rock, el metal-rock y el rock progresivo. Para averiguar qué estilo va más contigo puedes empezar fijándote en la música que escuchas. Si te gusta el rap y lo cantas en la ducha, probablemente se te habrá ocurrido alguna vez una rima buena y sencilla. Puede que hasta tengas canciones enteras escritas, y lo mismo con otros estilos. O puede que te guste versionar canciones con tu guitarra y tu voz, o simplemente con el bajo. Tanto si lo tuyo es la música electrónica como el heavy metal, intenta no encajonarte en un estilo y abrir tu oído musical. El heavy metal puede ser perfectamente compatible con el rap, y la ópera puede ser muy buena compañera del rock. Y si no, que se lo digan a Queen.

Encontrar tu estilo de música puede ser una tarea fácil o puede convertirse en una verdadera aventura. La recomendación es que empieces por aquello con lo que te sientas más cómodo y menos difícil te resulte. Ya tendrás tiempo de fusionar estilos, de experimentar y darte cuenta de que tal vez el hip-hop no es lo tuyo, sino el flamenco. A través de la experimentación se pueden descubrir muchos talentos ocultos. Lo único que no debes hacer es cerrarte en banda. Mantener una actitud abierta y positiva siempre es bueno en el mundo de la música. Si necesitas más opiniones, tu familia y tus amigos también te pueden aconsejar. Las personas que te rodean te conocen, y por eso pueden ser de ayuda para aconsejarte sobre el estilo de música que más representaría tu forma de ser, tu forma de comunicarte. Sabrás que has encontrado tu estilo musical, si es que no lo tienes claro aún, cuando te encuentres cómodo con él, cuando cantes canciones o las bailes y te des cuenta de que algo se despierta en ti, de que algo se revuelve y suplica salir. Así, estarás inspirado, listo para componer una canción.

> ▶ El consejo: Escucha toda la música que puedas del estilo que tú tocas, toda la música parecida y/o relacionada. Te interesa aprender lo máximo posible sobre la evolución de tu estilo y los instrumentos y cachivaches que se usan para reproducir un sonido u otro. Si te gusta el rock, investiga sobre todas sus vertientes, su nacimiento, sus antepasados y las curiosidades, como por ejemplo la manera que tenía Jimmy Page de tocar la guitarra con un arco de violín.

Es muy probable que a estas alturas ya tengas un instrumento preferido o predeterminado y una idea general sobre cómo quieres componer tu canción. Si tocas la guitarra y pretendes dar a conocer tus *covers* o canciones propias, no descartes introducir un piano en alguna parte de tu canción. No dejes de tener en cuenta instrumentos por el simple hecho de no saber tocarlos o no tenerlos a tu disposición. Existen infinidad de *apps,* tutoriales y portales colaborativos que te ayudarán a conseguir lo que necesitas de una manera u otra. Piensa en grande. No te encajones, no pienses que tienes limitaciones de ningún tipo. La creatividad y la experimentación te harán fuertes, solo tienes que saber aprovechar las oportunidades que se te presenten y componer y producir música con una actitud abierta, positiva y atenta.

¿Cómo puedo empezar a escribir una canción?

Hay muchas maneras de desarrollar una canción desde cero. Por ejemplo, podemos empezar con una melodía simple que se nos ocurrió el otro día mientras estábamos haciendo otra cosa (de ahí la importancia de llevar el móvil o algún sistema de grabación siempre encima). Tenemos una melodía grabada a modo de tarareo con la voz que nos gusta mucho, o una base de guitarra. Con esta melodía podemos hacer lo siguiente:

❏ Tocar acordes con la guitarra, con el piano o con nuestro instrumento favorito y averiguar qué notas son las que hemos cantado. A partir de esto, iremos probando acordes que queden bien para continuar la melodía y seguir componiendo la canción.

❏ Grabarnos cantando encima de esa melodía. Una canción sencilla se compone de una base musical y una serie de variaciones encima en forma de instrumentos o letras. Encuentra instrumentos o melodías que queden bien entre ellas.

❏ Céntrate en el estribillo. Es la parte principal de la canción, suele ser la más pegadiza y la que más se repita. Una vez tengas esa parte puedes empezar con las demás.

Todas las ideas que tengas las tienes que plasmar en algún sitio. ¿Pero qué programa puedo usar para apuntar mis ideas? Es probable que pienses que la música no se puede «apuntar» a menos que tengas conocimientos musicales. Bien, pues sí se puede. Existe una gran cantidad de programas musicales que te ayudarán a escribir canciones y melodías sin tener ni idea de lo que es una clave de sol. El conocimiento nunca ocupa lugar, y si de verdad te interesa la música no estaría mal que te formaras, aunque fuera a partir de conceptos básicos, sobre qué es una nota, qué escalas hay y cuántos acordes se pueden conseguir a partir de una nota. Sin embargo, si estás empezando, es recomendable que uses programas con tablaturas, que son muy diferentes a las partituras.

La partitura es un escrito que muestra las notas de una canción y cómo se deben tocar. Es preciso saber de solfeo y conocer las notas musicales y cómo tocarlas en el instrumento. La partitura usa un lenguaje propio estándar de signos musicales. Este es el principio de la partitura de *Für Elise*, de Beethoven:

Por otra parte, una tablatura es una representación visual exacta de las notas que componen una canción en el instrumento que tocas. Te permite localizar las notas en el instrumento de forma inmediata y visual, sin saber qué nota es la que tocas. Normalmente se enfoca a guitarras y bajos, pero puede haber para más instrumentos. Fíjate en esta tablatura de *Wish You Were Here,* de Pink Floyd, cómo las líneas representan las cuerdas de la guitarra. Los números enseñan qué traste de la guitarra tenemos que tocar y las letras a la izquierda del todo señalan la cuerda. Por eso hay seis:

```
e|-----------|-----3-3-3---3-3--------3---------|-----3-3-3---3-3-3---3-------------|
B|-----------|-----3-3-3---3-3--------3---------|-----3-3-3---3-3-3---3-------------|
G|-----------|-----0-0-0---0-0--------0-0-------|-----0-0-0---0-0-0---0-------------|
D|-------0---|-2---2-2-2---2-2----------------2---|-0---0-0-0---0-0-0---0--------0---|
A|---0h2-----|-----2-2-2---2-2-------------------|-----2-2-2---2-2---------0h2-----|
E|-----------|-----x-x-x---x-x-------------------|-----3-3-3---3-3-----3-----------|


e|-----3-3-3---3-3-3---3-------------|-----3-3-3---3-3-3---3-------------|
B|-----3-3-3---3-3-3---3-------------|-----3-3-3---3-3-3---3-------------|
G|-----0-0-0---0-0-0---0-----0-------|-----0-0-0---0-0-0---0-------------|
D|-2---2-2-2---2-2-----2-------2---|-0---0-0-0---0-0-0---0--------0---|
A|-----2-2-2---2-2-------------------|-----2-2-2---2-2---------0h2-----|
E|-----x-x-x---x-x-------------------|-----3-3-3---3-3-----3-----------|


e|-----3--3-3--3-3-3-|---------------|--3---3-3------3-3-3---------|
B|-----3-3-3--3-3-3-|---------------|--3---3-3------3-3-3---------|
G|-----0-0-0--0-0-0-|---------------|--2---2-2------2-2-2---------|
D|-2---2-2--2-2-2-2-|--2--0--------|--2---2-2------2-2-2-----0---|
A|-----2-2-2--2-2-2-|-------2--0--|--0------0---------0h2-----|
E|-----x--x-x--x-x-x-|--------------|----------------------------|
```

Cada línea discontinua representa una cuerda de guitarra. La e minúscula es la cuerda más fina de la guitarra, siendo E la cuerda más gruesa. La E es la nota Mi, cosa que probablemente ya sepas si tienes un mínimo de conocimientos musicales. Las tablaturas son una muy buena manera de empezar a escribir tus propias canciones, porque puedes decirle al programa que uses dónde está exactamente lo que has tocado, sin saber qué notas son.

Existen muchos programas gratis que te permitirán escribir en tablaturas si usas la guitarra, el bajo o la batería. Uno de los más completos es el **MuseScore**. Te permite crear y modificar canciones desde cero y grabar canciones con todo tipo de instrumentos, desde un ukelele hasta un piano. Más adelante, cuando hayas practicado con estos programas, puedes buscar uno con herramientas y opciones más completas, como **Sibelius** o el rey **Guitar Pro**, cuya licencia tiene un coste de unos 70 o 80 euros aproximadamente. Puede parecer caro, pero es un programa de edición y composición de canciones de muy buena calidad y la inversión merece la pena.

El consejo: Usa siempre las versiones de prueba de todos los programas que estés dispuesto a comprar, no los compres directamente porque el tutorial de turno te lo recomienda 100%. Existen millones de programas de todos los tipos y aunque todos cuentan con una base común, las peculiaridades y herramientas de que disponen pueden variar. Para cada persona hay un programa, así que asegúrate de haber agotado la versión de prueba para estar convencido de que el programa se ajusta a ti.

4

LA PRODUCCIÓN

LOS RECURSOS Y LOS MEDIOS PARA GRABAR

Convierte tu habitación en un estudio digital con tu ordenador

> Grabar canciones sin gastarte una millonada en un estudio de grabación profesional es posible con una tarjeta de sonido, un ordenador, un programa, tu instrumento y mucha voluntad

¡Hora de grabar! Ya tenemos claro qué estilo va con nosotros, de qué instrumentos disponemos y cuáles son nuestros puntos fuertes a la hora de componer o versionar música. Ahora nos meteremos de lleno en la producción de las canciones, no sin antes entender cuáles son los pasos a seguir y qué significa realmente «producir» una canción. Por eso, el primer paso es entender la figura del productor musical, ya que al fin y al cabo es el camino que hemos empezado con este manual.

El productor musical es el responsable de la grabación de la canción y su acabado final. Es la persona que sacará una obra de arte de un proyecto inicial, el que hará magia para que la canción suene mejor que lo que tú le has traído en un principio. Si estuviéramos grabando una película, el productor sería el director de cine. Él sabe cuándo va a sonar esa parte de la guitarra, dónde se van a colocar las voces para reforzar una parte de la canción, cómo se puede conseguir mejor armonía, qué ritmo podría ser más rápido y dónde deberíamos eliminar esa nota molesta del bajo. A menudo, un productor ayuda en la composición de un tema, ya que aporta ideas para que la canción termine de ser todo lo perfecta que puede ser. Un productor conoce el ritmo, la melodía, la armonía, la estructura que sigue la canción, la letra, las mezclas que pueden salir mejor y los instrumentos que podrían ser introducidos en un determinado segundo. Controla el equipo con el que se grabará la pista para que suene limpia, compacta, de calidad. Controla el volumen, los efectos, y en definitiva, es el dios todopoderoso de la elaboración de una canción. Ese dios vas a ser tú, en tu casa, con un simple ordenador y con una canción en tu cabeza. Lo primero que necesitamos entender es que la grabación necesita organizarse en una serie de pasos: la preproducción, la producción en sí o grabación y la postproducción.

❏ La preproducción: preparación o planeación. Una de las etapas más importantes para saber cuánto tiempo necesitas para grabar tu canción, de qué instrumentos quieres disponer y cómo vas a organizar la canción y todo el proceso de grabación.

❏ La grabación: Con todo planeado, se graba la canción por capas y en crudo con los medios y los instrumentos de los que disponemos.

❏ La postproducción: Incluye dos procesos, la mezcla (ajustar balances entre instrumentos, sonidos, efectos) y su correcta masterización (proceso técnico que trabaja sobre el resultado de la mezcla, con un trabajo de compresión adecuada).

La preproducción

Se entiende como preproducción todos aquellos pasos previos a la grabación de nuestra canción, la preparación de la misma. Si la preproducción se hace bien, el proceso de grabación será tranquilo y estructurado, sin sorpresas y sin problemas. La preproducción resulta esencial cuando hemos contratado un estudio de grabación, tenemos que pagar al productor y a los músicos y nuestro presupuesto es ajustado porque no podemos permitirnos estar horas infinitas dentro del estudio. En este caso, como el estudio es nuestra habitación y nuestro ordenador, no correremos tanta prisa y el proceso de preproducción no resultará tan crucial como cuando contratamos un servicio. «Hoy acabaremos la estructura de la canción, esta semana grabaremos las guitarras, la semana que viene hemos quedado con el batería y a la siguiente vendrá el bajo.» No, no es necesario.

Se supone que dispones de un tiempo flexible o al menos más dilatado que si estuvieras en un estudio profesional, donde cada día se paga, así que nos lo tomaremos con un poco más de calma. Sin embargo, si necesitas contar con una pauta escrita para saber cuánto tiempo necesitas, no dudes en realizar una escaleta o esquema con la relación tarea-tiempo para saber cuánto tiempo le vas a dedicar a la grabación de un instrumento u otro. La preproducción es una parte muy importante a la hora de grabar un disco. Muchas personas no le prestan suficiente atención, pero a la larga merece la pena dedicarle tiempo para asegurarnos que nuestro plan de grabación es el correcto.

En la preproducción tendremos en cuenta la estructura de la canción, de qué trata, qué se va a grabar, dónde y cómo, y cómo vas a organizarte. Todo este proceso nos ahorrará mucho tiempo en el proceso de grabación. El productor y músico Michael Bradford, que ha trabajado con Madonna y Deep Purple entre otros, cuenta que uno de los principales errores a la hora de grabar una canción es la excesiva prisa que tienen los músicos. Nos gusta mucho nuestra canción, creemos que está perfecta y no le prestamos suficiente atención crítica antes de grabar, antes de estar completamente seguros de que esa canción se puede grabar tal y como está. Si le damos un par de vueltas más a nuestra canción, se la hacemos escuchar a los demás, nos planteamos otro tipo de rima que la mejore o nos fijamos de verdad en que la estructura sea la adecuada, ganaremos tiempo. Por eso, para grabar nuestro tema como es debido, responderemos a una serie de preguntas:

▷ ¿Es la canción demasiado lenta o demasiado rápida?

▷ ¿El estribillo se puede mejorar de alguna manera?

▷ ¿Se puede mejorar el «puente» o transición entre una estrofa u otra?

▷ ¿Tiene demasiada letra o demasiado poca?

▷ ¿Queda realmente clara la idea que quiero transmitir?

▷ ¿La canción se sostiene por sí misma? ¿Necesita coros, repeticiones...?

▷ ¿Es demasiado aguda o demasiado grave? Si cantamos, ¿la canción está en nuestro rango vocal? ¿La voz suena forzada?

Los productores profesionales a menudo realizan también un trabajo de composición. El límite entre las opiniones o sugerencias del productor lo marca la propia relación que este tiene con el músico. En este caso, tú vas a ser dueño de esas decisiones, porque la canción es tuya y la vas a grabar tú, pero más adelante tendrás que tener esto en cuenta si acudes a algún estudio profesional. Merece la pena escuchar la opinión de los productores, pero es también aconsejable no dejar que la esencia de la canción cambie tanto que lleguemos a estar incómodos con ella. Tenemos que tener en cuenta que el productor escucharía nuestra canción con un oído fresco, con una mirada objetiva y con experiencia. Este proceso lo podemos llevar a cabo también con algún amigo músico que quiera escuchar nuestra canción antes de grabarla. Por eso, también puede resultar positivo dejar que otros músicos amigos escuchen nuestra canción, ¡siempre que estés seguro de que no se van a quedar con tu idea!

▶ **El consejo:** Echa un vistazo al canal de Youtube Audioproducción y a su página web *audioproducción.com*. Es el trabajo de Héctor M. Jon, un productor e ingeniero de mezclas que te ofrece una infinidad de recursos, consejos, tutoriales y *reviews*, todo relacionado con la producción musical.

Antes te hemos enseñado la estructura común de una canción pop: Entrada-verso-estribillo-verso-estribillo-puente-estribillo. Esta puede ser una manera de estructurar tu canción, pero ten en cuenta que puede haber muchas más. Fíjate en las canciones que más te gustan, intenta desglosarlas y ¿por qué no? Inspirarte en ellas. Al principio es posible que necesites acudir con mayor frecuencia a trabajos ya realizados para inspirarte, pero con el tiempo tú mismo serás capaz de averiguar cuál es la mejor estructura para tu canción. A partir de esta idea básica, trabaja en la originalidad. Piensa y haz una lista de las cosas que no te terminan de gustar e intenta cambiarlas cuando estés inspirado. Siempre puedes tener más de una opción e ir probando. Con el tiempo, encontrarás la estructura adecuada. Al final de tu proceso de preproducción, en un papel o en el ordenador, tienes que haber confeccionado una lista con los siguientes aspectos:

- ❏ **El espacio donde vas a grabar.** Preferiblemente, debería ser un espacio donde haya tranquilidad y sin ruidos de fondo. Si puedes mover tu ordenador, ten en cuenta el espacio. No se recomiendan salas de estar ni lugares comunes, necesitas un espacio tranquilo y silencioso.

- ❏ **Cuándo vas a grabar.** Procura escoger un día en el que no estés muy ocupado y puedas dedicar un par de horas largas a grabar tu canción sin que te molesten.

- ❏ **Título de la canción** con la letra completa y diferenciada.

- ❏ **Estructura de la canción**, con las partes separadas y diferenciadas. Identifica bien el estribillo o la parte principal de la canción.

- ❏ **Instrumentos que vas a necesitar** para grabar y el equipo necesario según tu instrumento (afinadores, ajustes de batería, atril, etc.).

La producción

Vamos a aprender a producir una canción desde cero. Primero, recordaremos la figura del productor musical, que como hemos explicado antes, es un profesional del mundo de la música que dirige y asesora en la grabación de un disco o una canción. Es casi un *coach*. Conoce el tema de la canción, la estructura, los instrumentos que se necesitan, cómo puede sonar mejor y cómo se puede enfocar de una manera más efectiva para el segmento de público al que se destina dicha canción. Es una persona que te aconseja y acompaña en toda tu aventura musical: desde el boceto que le presentaríamos hasta el resultado final. En este caso, tú serás tu propio productor musical y tú te encargarás de preproducir tu canción (ese paso ya lo hemos dado) y grabarla de la manera más efectiva posible dentro de tus posibilidades. Conocer estilos de música distintos, tener el oído musical entrenado y tocar uno o dos instrumentos son también cualidades básicas si queremos producir música. Con este manual empezaremos por los principios básicos, pero más adelante, cuando vayas acumulando conocimiento, te recomendamos que escuches otros estilos e intentes aprender a tocar más de un instrumento. Esto, junto con clases de música o solfeo, te aportará visión y conocimientos sobre armonía, acordes y arreglos que resultan decisivos a la hora de producir una canción de manera profesional.

Antes de que tu canción sea buena, primero tiene que ser escuchable. ¿Qué queremos decir con esto? Podemos tener la mejor canción del mundo, un exitazo a lo «Thriller» o «Hallelujah», pero si no está grabada con un mínimo de calidad, nadie pasará de los cinco segundos cuando le dé al *play,* así que en este capítulo aprenderemos a grabarnos de manera decente con un presupuesto más que ajustado.

Herramientas necesarias

▷ Para montar nuestro estudio de producción musical en casa necesitaremos una serie de herramientas básicas, que son las siguientes:

▷ Un ordenador

▷ Opcional pero altamente recomendable: una interfaz de audio

▷ Auriculares

▷ Si necesitas grabar voces, un micrófono

▷ Un programa de edición musical

▷ Monitores de audio o altavoces

Con estas cuatro cosas podemos empezar a grabar nuestra música, no sin antes asegurarnos de que cumplen una serie de características básicas para poder grabar con un mínimo de calidad.

El ordenador

En lo que respecta al ordenador, vamos a establecer una serie de recomendaciones muy generales. La tecnología avanza con rapidez y es muy difícil recomendar un ordenador que vaya a estar a la altura de tu estudio de grabación, principalmente porque tanto te puede servir un ordenador de última generación como uno que tenga diez años. Como mínimo, recomendaríamos que tuviera 4Gb de memoria RAM, preferiblemente un disco tipo SSD y un procesador de los últimos años. Aquí no hemos podido establecer un rango determinado de tiempo porque un procesador de ocho años puede aguantar igual de bien que uno moderno.

No usaremos programas demasiado pesados, así que lo único que necesitamos es un ordenador que soporte un poco más de lo que suele soportar con un uso a nivel de usuario medio. Si percibes que tu ordenador se ralentiza o no responde con los programas o a la multitarea a la que lo sometes, prueba a cerrar otras cosas que tengas abiertas y dedica los esfuerzos de tu ordenador tan solo a grabar a través del programa de audio.

La interfaz de audio o tarjeta de sonido

Todos los ordenadores cuentan con una tarjeta de sonido integrada, que es la que trabaja para que puedas escuchar sonidos a través de los auriculares o altavoces que conectes. La tarjeta de sonido «traduce» o «interpreta» datos de audio desde y hacia el ordenador para que sean procesados. Estas tarjetas están integradas, es decir, vienen con el portátil o el ordenador que te compras, y su calidad es baja o discutible.

Las tarjetas dedicadas, ya sean tarjetas de sonido o gráficas, son tarjetas separadas del ordenador, «dedicadas» a la función para la que se han fabricado. Al tener la tarjeta «separada» (pero aun así, conectada por USB) al ordenador, la calidad aumenta considerablemente, porque tienes un dispositivo que «se dedica» expresamente al envío y la interpretación de sonidos. La tarjeta incorporada en el ordenador no está realmente preparada para procesar este tipo de sonido, porque es un ejercicio que requiere cierta potencia y ciertos recursos. Por este motivo es recomendable, casi indispensable, comprarnos una interfaz de audio si queremos grabar instrumentos como el piano, una guitarra o un bajo y micrófonos. A través de esta tarjeta, que irá conectada al ordenador, grabaremos nuestros instrumentos, pero primero tenemos que entender cómo funciona. Este es el aspecto que tiene una interfaz de audio de las más sencillas, por delante y por detrás:

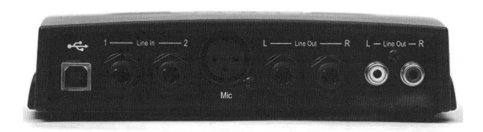

A continuación, explicaremos cómo funciona una tarjeta de sonido o interfaz de audio de forma simple. Si la tarjeta de sonido que adquieras tiene más botones o ruedas específicas que las que vamos a explicar aquí, no te preocupes y consulta las instrucciones. Una vez sabes manejar los conceptos básicos, lo demás lo puedes aprender sobre la marcha. Ya habrá tiempo para entrar en detalle sobre tipos de señales, entradas, salidas y conceptos más técnicos.

Por la tarjeta de sonido van a pasar todos los instrumentos que quieras grabar, así como el micrófono. La tarjeta interpretará las señales eléctricas que le lleguen de los cables del micrófono o el instrumento en sí (como un bajo o una guitarra) y lo transformará en el lenguaje binario que el ordenador necesita para procesar el audio. Por eso se llama también «interfaz» de audio. Una interfaz es una conexión entre dispositivos o sistemas que tiene por objetivo establecer algún tipo de comunicación. En este caso, la interfaz de audio traduce la señal analógica de tu instrumento a una señal digital para el ordenador. ¿Y cómo lo hace? Pues a través del conversor, que viene integrado en la tarjeta. Si te interesa aprender cómo funcionan los conversores, te recomendamos el blog www.culturasonora.es, que cuenta con explicaciones amenas y diversas sobre equipos de música, herramientas y micrófonos, todo relacionado con el mundo del sonido.

Además del conversor, la interfaz de audio contará también con un preamplificador. Un preamplificador es un dispositivo que amplia la señal de línea recibida (*Line In*), por donde entran los micrófonos y los intrumentos a través de un cable jack (los instrumentos) o un cable XLR (los micrófonos). Las señales eléctricas que estos instrumentos emiten necesitan ser preamplificadas antes de llegar al conversor porque su intensidad es menor de lo necesario para que la tarjeta pueda trabajar. Por ese motivo, la interfaz ya cuenta con un preamplificador.

Por si esto fuera poco, las tarjetas de sonido también suelen contar con una serie de ruedas o medidores conectadas al *Line In* que te permiten ajustar el volumen exacto con el que quieres grabar. Y lo mismo para el *Line Out*, es decir, para controlar la intensidad con la que la señal sale de la tarjeta. Si es la primera vez que lees sobre esto, no te lleves las manos a la cabeza, en realidad es más sencillo de lo que parece. Lo terminarás de entender cuando lo experimentes y cojas y toquetees tu nueva tarjeta de sonido. De aquí solo es importante que te quedes con el *Line In*, que es donde se enchufan tus instrumentos, y el *Line Out*, que es por donde tienen que salir (a un ordenador o a un altavoz, por ejemplo). Cuando conozcas las funciones de una interfaz básica entenderás las funciones de las tarjetas más potentes. Para comprarte tu primera interfaz de audio es necesario tener en cuenta una serie de factores:

❑ **El número de entradas y salidas.** Esto dependerá de si quieres grabar tu música en directo o por pistas. Por ejemplo, si tocas la guitarra y cantas, grabarte de una todo junto o grabar primero la guitarra y después la voz encima. Para grabar en directo, necesitas tantas entradas como líneas de sonido toques a la vez. Nosotros te recomendamos que toques por pistas, ya que es más sencillo y te puedes dedicar a grabar bien un instrumento y después otro. Fíjate también en si tiene entradas de línea, en caso de que grabes teclados, sintetizadores, bajos o guitarras y/o entradas de micrófono. Si grabar con un micro de condensador necesitarás que tu tarjeta disponga también de un botón *Phantom Power* de 48V. Si no, tu micro de condensador no sonará. No te preocupes, trataremos el tema de los micrófonos más adelante. En el caso de los teclados, te recomendamos una tarjeta con un mínimo de dos entradas de línea para grabar el sonido en *estéreo* (una grabación en *estéreo* es más realista)

❑ **Conexiones.** Según el instrumento que quieras grabar, necesitarás un tipo de conexión u otra. Los micrófonos normalmente se conectan a través de un cable XLR, y los instrumentos como las guitarras o los bajos, a través de un cable jack de 6,35mm. Aunque para estos cables siempre hay adaptadores, te recomendamos que no uses ninguno de por medio, sino que uses las entradas específicas de la tarjeta para conectarlos. Si grabas con teclados o sintetizadores, necesitarás una o dos entradas de línea.

❑ **Compatibilidad.** La mayoría de las tarjetas o interfaces de audio son compatibles con todos los sistemas operativos, pero te puedes encontrar con alguna que, debido a su módico precio, solo sea compatible con una serie de programas o no esté diseñada para funcionar en Mac o en PC. La tecnología avanza y la mayoría de tarjetas no deberían tener ningún problema en este aspecto, pero averígualo antes de comprarla por si las moscas.

El consejo: Sigue a Jaime Altozano en Youtube, Twitter o Facebook. Este músico es uno de los mejores divulgadores musicales que podrás encontrar en Internet. Explica el funcionamiento de la música con un lenguaje que hasta el menos entendido en música podría comprender. Echa un vistazo a sus vídeos sobre producción musical en casa.

Hay tarjetas de audio en el mercado por un módico precio cuya calidad no tiene nada que envidiar a las tarjetas más caras del mercado. El objetivo definitivo es que la calidad con la que grabes tus canciones sea decente, y que cualquiera que quiera escucharte cantar o tocar no termine tirándose por la ventana del espanto. Como hemos dicho anteriormente, antes de que una canción sea buena, primero tiene que ser escuchable, así que trabajemos primero en la calidad de nuestra canción, en nuestra calidad como músicos. Después, más adelante, si nuestra música gusta, ya invertiremos tiempo y dinero en sonar más que medianamente decente.

Tu tarjeta se tiene que adaptar a tus necesidades. Si necesitas muchas entradas porque grabas bandas sonoras con tu grupo de música y usáis una gran cantidad de instrumentos, asegúrate de que tu interfaz de audio cuente con el número de entradas que necesitáis. Si lo tuyo es tocar la batería, ahí sí que necesitarás una interfaz con tantas entradas como micrófonos uses, uno direccional para cada parte de tu batería. En una tienda de música especializada de tu barrio o por Internet podrás encontrar, por un módico precio, interfaces de audio adaptadas a tus necesidades y con las que descubrirás un nuevo mundo. Algunas marcas de interfaces de audio y otros equipos de sonido son Behringer, PreSonus y Mackie. Después de probarlas, jamás te volverás a grabar con el micrófono de tu móvil.

Auriculares

Básico: ¿cómo voy a saber si sueno a ollas y sartenes o a música de verdad si no tengo con qué escucharme? Con los auriculares conectados a tu tarjeta de audio puedes escucharte mientras grabas. Asegúrate al menos de que no sean intraurales (como los cascos de tu teléfono móvil) porque al cabo de unas horas dejarás de estar cómodo. Si están aislados o tienen cancelación de ruido (activa o pasiva), mucho mejor, porque así no te molestará ningún estímulo del exterior y te concentrarás con mayor facilidad. Por una cantidad muy ajustada puedes tener unos auriculares más que decentes para escucharte mientras tocas.

Micrófono

Este apartado te interesa sobretodo si vas a grabar tu voz. Para seleccionar el micrófono que más se adapte a nuestras necesidades, primero deberíamos entender cómo funcionan. Un micrófono es un aparato o dispositivo que transforma ondas sonoras en energía o impulsos eléctricos. Esos impulsos eléctricos pasarán después por un preamplificador y llegarán finalmente con el cable hacia un aparato amplificador. Obviamente, el proceso es más complejo, pero iremos al grano: ¿qué necesito para grabar mi voz y mis instrumentos? Existen varios tipos de micrófonos, pero los que nos interesan a nosotros son los de condensador y los dinámicos.

Los micrófonos de condensador se dividen en los que tienen el condensador grande o el condensador pequeño. Este tipo de micrófonos cuenta con una membrana que los hace perfectos para la grabación en el estudio, porque su grabación es más fiel y el sonido es más claro y limpio. La desventaja es que necesitan energía externa para funcionar. En tu tarjeta de sonido necesitarás una opción llamada *Phantom Power* o +48V para que funcionen.

Por otra parte, los micrófonos dinámicos no necesitan alimentación externa, así que no necesitarás la opción 48V en tu tarjeta. Además, sufren menos ante mayores niveles de sonido y saturan menos el sonido, de modo que es muy común verlos sobre un escenario. Su construcción suele ser también más simple pero más robusta y fiable, así que son más baratos que los micrófonos de condensador.

Micrófono de condensador						Micrófono dinámico

Estas comparaciones son odiosas, porque la calidad o adecuación del micrófono dependerá de la sala donde lo usemos, los materiales con los que se haya fabricado, el nivel de ruido propio que produce, la sensibilidad o el límite de saturación. También deberás investigar sobre el patrón polar del micrófono a la hora de adquirirlo. El patrón polar es la forma que tiene el micrófono de captar el sonido, desde qué dirección lo detecta mejor y desde qué dirección, por más que chillemos, nuestro micrófono no captará nada. En este sentido, existen varios patrones, pero los principales son el cardioide, el bidireccional o en forma de ocho y el omnidireccional.

Los micrófonos cardioides tienen la máxima sensibilidad en la parte frontal. Esto los aísla y hace que sean más resistentes a la retroalimentación. Es decir, no se acoplan con el ruido exterior que provenga del mismo auricular. Los bidireccionales captan el sonido procedente de delante y detrás del micrófono, obviando los laterales. Estos suelen ser los de diafragma grande. Por último, los micrófonos omnidireccionales tienen la misma sensibilidad desde todos los ángulos, así que captan los sonidos que provengan desde cualquier lado.

Algunas marcas que puedes explorar para encontrar un buen micrófono son **Rode, Shure, Neewer** o **Behringer**. Para empezar, la marca

Neewer o **Shure** están muy bien, porque cuentan con muy buenos micrófonos a bajos precios. Por poco dinero puedes tener un micrófono en perfectas condiciones que ya grabará impecablemente mejor que tu teléfono móvil, así que ya no tienes excusa para grabarte con un mínimo de calidad. Piensa además que el micrófono que te compres lo puedes usar tanto para la voz como para grabar instrumentos acústicos, como una guitarra. Si lo vas a usar para grabar tu voz, te recomendamos también que adquieras un *pop filter*, un filtro de protección hecho de nailon y/u otros materiales que sirve para que el aire que emites con consonantes como la P y la B no interfiera en la grabación. Además, la saliva de los seres humanos es corrosiva y a la larga, si no proteges tu micrófono, puede que estés acortando su vida útil. Ten en cuenta también el espacio en el que vas a grabar: si se trata de una habitación con poco o ningún sonido exterior y donde no se produzca eco, mucho mejor.

Programa de edición musical o DAW

Una DAW, *Digital Audio Workstation* o Estación de Audio Digital, es el equipo de producción musical formado por tu ordenador y un *software* de edición de audio, que nos va a permitir grabar, editar, mezclar y componer nuestras canciones. Las DAW facilitan mucho la producción de una canción porque permiten grabar los instrumentos por pistas o partes en una misma plataforma, que distribuye estas pistas en una línea temporal. Esto posibilita la edición de las distintas pistas por separado, o lo que es lo mismo, retocar solo la guitarra, solo la voz, o solo el piano, todo por separado. La ventaja de este tipo de programas es que si sabes manejar el más sencillo probablemente sabrás manejar también en un futuro el más complicado. La interfaz, la manera en cómo se presentan y su funcionamiento es casi idéntico en todas las DAW, ya sea gratis o de pago. Evidentemente, las funcionalidades de una u otra variarán, pero la configuración y la disposición de los elementos será prácticamente la misma, lo cual es una gran ventaja. Este es el aspecto que tiene una DAW:

El *ProTools*, en la imagen, es un *software* de pago que usan los productores profesionales a la hora de grabar y producir música. En este
manual no te recomendaremos usar este tipo de programas porque el
coste de las licencias es demasiado elevado. Nos valdremos de las herramientas de código abierto disponibles en Internet, con las que conse-
guiremos también unos resultados de envidia a la hora de grabar nuestras canciones.

Las funcionalidades y características de las DAW son infinitas. La
clave para encontrar la adecuada para nosotros es que sea intuitiva, fácil
de usar, que cumpla con los requerimientos básicos y se ajuste a nuestra
manera de trabajar. Para aprender podemos empezar probando cualquier DAW, porque como hemos dicho antes, la estructura y la disposición de los elementos son los mismos, así que si aprendemos a usar
una, sabremos usar cualquier otra. Alrededor de la década de los no-
venta, cuando las DAW empezaron a asomar la pata en el mercado y los
músicos pudieron empezar a adquirir sus ordenadores, el proceso de
grabación y producción de la música se democratizó de tal manera que
los músicos independientes encontraron por fin una manera de dirigirse al mundo sin tener que pasar por la paliza económica que supone
entrar en un estudio de grabación profesional. A medida que pasaba el
tiempo, gracias al avance de la tecnología y de la mano de Internet, este

proceso se volvió si cabe aún más sencillo, hasta que llegamos a nuestros días, donde cualquiera, con un ordenador y un poco de ganas puede grabarse una canción a un módico precio. Las DAW han evolucionado también hasta ahora, ofreciendo así una serie de ventajas y funcionalidades al alcance de todos. Las DAW contemporáneas permiten así:

▷ Modificar y mezclar distintas fuentes de sonidos (llamadas pistas) y combinarlas mediante diferentes niveles de volumen y otras opciones.

▷ Recrear sonidos y efectos de distintos tipos mediante los plugins VST (*Virtual Studio Technology*), así como utilizar ecualizadores, sintetizadores, saturadores y mucho más para conseguir exactamente el sonido que estamos buscando.

▷ Trabajar con músicos de todo el mundo gracias al envío de proyectos a través de Internet, que pueden descargarse en la misma DAW.

▷ Grabar en MIDI (*Musical Instrument Digital Interface*).

En este espacio haremos un apunte importante. El MIDI es una herramienta musical que debes conocer. Se trata de un lenguaje estándar mediante el que los controladores, teclados master, sintetizadores y cualquier pieza de *hardware* musical se comunican entre sí. El MIDI es información pura, datos que pueden ser leídos en los DAW y transformarse más tarde en una melodía gracias a las librerías de sonido. Es una manera de grabar música sin utilizar sonido, sino información. Esa información se genera a través de un dispositivo de entrada MIDI como un controlador o teclado MIDI. El ordenador recibe la información sobre la posición de las notas en la escala musical y la duración. Lo bueno que tiene el MIDI es que puedes eliminar y añadir notas u otro tipo de información sin que ello afecte al resto de la canción, algo casi imposible de conseguir cuando se graba audio. Este es el aspecto que tiene una grabación MIDI. Como puedes ver, es una grabación representada de forma plana, porque solo representa una nota y la duración de la misma. Más tarde, esta grabación MIDI se puede convertir con un plugin

VST (*Virtual Station Technology*) en una canción que suene como los Rolling Stones o Placebo:

En este sentido, te recomendamos que utilices los controladores o teclados MIDI para grabar música electrónica. Con contar con la melodía base en MIDI de tu canción ya es suficiente, porque después puedes ir grabando segundas y terceras melodías en el resto de pistas libres de tu DAW y dotar tu canción de un sonido u otro gracias a las librerías de sonido. Grabar en MIDI es muy fácil, tan solo necesitas un controlador o teclado MIDI y enviar la señal al ordenador para después editar el sonido en sí. Pero eso, si te gusta la música electrónica y la tocas a menudo, ya lo sabes.

Algo que tienes que tener en cuenta es que cuanto más sofisticado sea tu DAW, más recursos demandará de tu ordenador, y por lo tanto, es posible que aparezca algo de latencia o retraso a la hora de efectuar una orden o llevar a cabo un proceso. Algunas de las DAW gratuitas que puedes descargarte e ir probando para familiarizarte con el funcionamiento son:

▷ **Amped Studio**, que cuenta con una aplicación web que puedes usar para ir trasteando botones (https://app.ampedstudio.com/)

▷ **LMMS**, de código abierto (los programadores pueden aportar mejoras al programa). Dispone de las herramientas básicas para grabar una canción. Te recomendamos el canal Eric Kauffmann en Youtube, que ofrece un tutorial muy completo y fácil de entender sobre este DAW.

▷ **REAPER**, con período de prueba de 30 días. Es uno de los mejores DAW de fácil acceso en el mercado. La versión gratuita dura 30 días pero después el programa no se te bloquea. La estrategia de marketing de la empresa es clara: si te gusta, lo comprarás. Y no, no son tontos, les funciona y los clientes y productores que empiezan a usarlo pagan la licencia por la calidad del programa.

▷ **AUDACITY**, el *software* más sencillo y más fácil de usar. Tiene algunas limitaciones, pero al ser el más sencillo de estos cuatro mencionados, iría bien que te lo descargaras y trastearas con él para familiarizarte con el entorno de trabajo de las DAW. Así, el próximo programa que te descargues no te parecerá un jeroglífico en un idioma de otro planeta.

Para entender mejor cómo manejar una DAW, echaremos un vistazo al funcionamiento básico de **REAPER**, teniendo en cuenta que lo que aprendamos aquí lo podemos extrapolar a cualquier otra estación de trabajo digital. Te presento a **REAPER**:

Los cinco bloques separados de la izquierda se corresponden, cada uno, a una pista de audio. En cada pista de audio podemos grabar el instrumento que nos apetezca. Por ejemplo, en el primero grabaremos una base de piano; en la segunda, una serie de notas con el bajo o la guitarra (todo esto, recuerda, a través de tu tarjeta de sonido o interfaz de audio); y en la tercera, la voz. La cuarta la podemos usar para grabar algún sonido que quede bien con el teclado y en la quinta pista podemos hacer ecos con nuestras voces o una voz de fondo. Y todo esto sonará junto cuando lo reproduzcamos. Como puedes ver con este ejemplo, las posibilidades a la hora de grabar son infinitas. La grabación por pistas te permitirá experimentar con tu canción como nunca antes, cuando te grababas con el móvil y todo de una. El cuadrado con una M en blanco en todas las pistas, repetido cinco veces, sirve para mutear o hacer callar la pista. A la hora de grabar es una herramienta útil para escuchar tan solo la batería o la base de bajo y así hacer coincidir de manera más acertada el piano que quieres grabar encima. La opción S hace que solo se escuche la pista seleccionada, muteando todas las demás. Las DAW también cuentan con un metrónomo para que grabes tu canción a un pulso constante. Con el paneo podrás regular qué sonidos salen por la derecha y qué sonidos salen por la izquierda de los altavoces o auriculares y con qué intensidad. Con el *mixer* o mezclador regularás los volúmenes y otras opciones. El ecualizador te permitirá deshacerte de siseos y ruidos de fondo en algunos cortes y en la sección de efectos podrás incorporar tanto un sonido de *reverb* a tu voz como un *delay* a tu guitarra. Como ves, las herramientas y las posibilidades son infinitas.

Elijas el DAW que elijas, en tus manos está llegar lejos, porque a partir de aquí todo es cuesta abajo. Una vez has pasado el mal trago de ponerte delante de una DAW y entender los conceptos básicos podrás empezar a hacer filigranas. Y todo esto, solo con un ordenador, un programa gratis, tu instrumento, tu talento y un tutorial de Youtube. Por ejemplo, para empezar con Reaper te recomendamos el tutorial «Aprendemos a grabar una canción desde cero» de **Jaime Altozano**, en Youtube. Se trata de un tutorial para *dummies*, totalmente desde cero, sin tecnicismos y conceptos difíciles de entender. Totalmente recomendable para empezar. A partir de aquí ya cuentas con todas las herramientas necesarias para darle rienda suelta a tu talento y a tu curiosidad y empezar a grabar como un músico de verdad.

Monitores de audio o altavoces

Los monitores de audio o altavoces son opcionales, pero si los tienes, por regla general, te facilitarán mucho el trabajo. Los graves que tus auriculares no captan, los captarán tus altavoces, siempre que sean de un mínimo de calidad. Cuantos más watios ofrezcan, más alto y claro escucharás tu tema, pero tienes que tener en cuenta los materiales y el tamaño. Es verdad que mientras estés grabando usarás siempre los auriculares, pero cuando tengas que escuchar detenidamente las pistas y después su fusión, tal vez necesitarás contar con un equipo que lo pueda reproducir en alto. Puedes prescindir de ellos, sí, pero si dispones de unos de buena calidad, te recomendamos usarlos cuando tengas todas las pistas grabadas para manejar volúmenes y eliminar ruidos de fondo que no percibirás con unos auriculares.

Esta generalización, no obstante, merece un apunte, y es que dependiendo de tu habitación es posible que te sea más conveniente trabajar solo con auriculares. Tu habitación no contará con la preparación sonora adecuada para tratar los pormenores de una canción, por eso es posible que la estancia distorsione algún sonido al rebotar contra algún objeto o alguna pared. Con los auriculares nos aseguramos de no tener ese problema. Tú mismo deberás ser el que sopese con qué herramienta escuchas mejor tus canciones, dependiendo de la calidad de las mismas y de las características de la habitación.

El proceso de grabación

El proceso de grabación va a ser prácticamente el mismo grabemos con un instrumento u otro, se trate de un estilo más rockero, popero o música electrónica. El procedimiento es el siguiente:

1. **Lo primero de todo es asegurarnos de que estamos concentrados, inspirados y listos para dar lo mejor de nosotros.** Además, nuestros instrumentos deben estar correctamente afinados para no perder tiempo en la grabación. Una botella de agua a nuestro alcance también se agradecerá.

2. **Calentamiento.** Tocaremos unos minutos nuestro instrumento y realizaremos ejercicios de estiramiento de los músculos y la espalda. La voz, si grabamos letra, deberá calentarse de la misma manera, con ejercicios vocales como los que enseña la Dra. Voz en su canal de Youtube. También puedes usar una de las apps de calentamiento vocal que hemos recomendado en el capítulo 3.

3. **Encendemos el ordenador y preparamos todo el cableado.** Los instrumentos pasarán por la tarjeta de sonido por orden,

según hayamos establecido en el proceso de preproducción. Si lo primero que grabaremos será la base del piano, entonces conectaremos el piano a la interfaz de audio y prepararemos la pista correspondiente en el DAW, donde también habremos configurado las entradas y las salidas para que nuestra estación de trabajo grabe desde donde nosotros le indicamos.

4. **Grabaremos los instrumentos por partes y por pistas.** Si no nos gusta cómo nos ha quedado una parte, la volveremos a grabar, no grabaremos la pista entera de nuevo. El DAW nos permitirá cortar los trozos que no nos gustan de la línea del sintetizador, la guitarra o el bajo, así que podemos repetir solo ese trocito y no toda la canción. Esta será la parte más larga y la más tediosa, por eso deberás tener paciencia. Ten en cuenta que no hace falta que lo grabes todo en un día. En tu preproducción ya habrás establecido unas horas de grabación en un calendario para que no se te haga demasiado pesado. A la hora de grabar, ya que no tenemos un presupuesto ajustado y unas horas de estudio limitadas, podemos hacer cambios y dejar los instrumentos que nos queden para otro día. No hay prisa. Si tienes un instrumento de orquesta como una tuba o una flauta travesera, puedes averiguar mediante un tutorial en Youtube cuál sería la mejor manera de grabar su sonido.

El proceso de edición y mezcla

El proceso de edición consiste en repasar nuestras canciones de arriba abajo y de izquierda a derecha para asegurarnos de que todos los instrumentos suenan como toca y que no hay ningún indeseado ruido de fondo. En este proceso nos aseguraremos de que las transiciones entre instrumentos están bien colocadas, que las pistas coinciden y que todas juntas suenan a la par. Nos aseguraremos de que la canción vaya a tiempo, la letra sea la correcta en todas las estrofas y las partes que hemos grabado por separado se encuentren correctamente unidas. Cortaremos, pegaremos y limpiaremos las pistas a través de las herramientas que ofrece el DAW, como por ejemplo el ecualizador, para asegurarnos de que suena como nos gusta.

Cuando grabes una pista, pongamos por ejemplo tu voz, ya irás eliminando de una tirada las partes que no te gusten para después volver a repetirlas, así que el proceso de edición estará presente durante toda la grabación. Lo que sí te recomendamos es que no pierdas tiempo juntando pistas cortadas porque es posible que más tarde acabes eliminando un trozo que te sobra, que no queda bien con el bajo o que necesita un coro por detrás y por lo tanto se tendrá que grabar de otra manera. Corta y pega las partes de la canción que te vayan saliendo bien y reemplaza las que estén mal, pero no pierdas excesivo tiempo en preocuparte de que tu canción quede bien porque después le pegarás un repaso justamente para esto. Se trata de no hacer el trabajo dos veces.

El proceso de mezcla ya es más arduo. ¿Qué es mezclar una canción? Es el proceso mediante el cual se componen, arreglan y editan las capas donde has grabado tus instrumentos, obteniendo así una canción final. La ingeniería de sonido tiene un nombre para los que se dedican exclusivamente a esta tarea. Son los *mixers* o ingenieros de mezclas. Uno muy conocido en el mundillo es **Michael Brauer**, que ha trabajado con Coldplay, Calle 13, Amaral, John Mayer, Manolo García, The Fray, The Kooks y un sinfín de artistas más. Igual que en la producción, empezar con ello puede parecer fácil a la hora de toquetear botones y probar diferentes volúmenes, paneos y efectos, pero a medida que vamos avanzando en nuestro aprendizaje nos damos cuenta de que tanto la producción como la mezcla o masterización son mundos aparte y requieren de mucha práctica. De hecho, el productor no tiene por qué saber de mezcla o masterización, puede que de ello se encarguen personas completamente distintas, dada la complejidad. En este proceso de mezcla, con nuestro DAW, lo que haremos será medir los volúmenes, ecualizar y encontrarle un sentido sonoro a tu canción. Para ello, utilizaremos los monitores de audio, porque necesitamos escuchar la música con la mayor calidad posible, y eso es preferible no hacerlo con unos auriculares. El objetivo principal de la mezcla es alcanzar un balance adecuado en nuestra canción, en todos los sentidos.

En este proceso trabajaremos con las grabaciones en crudo de nuestros instrumentos y los transformaremos de tal manera que empezarán a sonar con calidad profesional, y eso se consigue ajustando los niveles de volumen de la canción, para empezar, y los paneos. La ingeniería de mezclas es un mundo y el hecho de saber cuál es la mejor opción para el paneo o el volumen de un tema depende de tantos factores como efectos de voz existen. El estilo de música que toquemos tendrá mucho que ver. Por ejemplo, en el rock necesitamos que el bajo suene potente pero de fondo, que el bombo se escuche en el centro y que las voces cojan la fuerza necesaria para transmitir la energía de la canción. Estas son indicaciones y normas generales, en realidad cada *mixer* tiene su manera de entender la música y el resultado dependerá de tu visión. De todas formas, la mezcla tiene dos objetivos principales comunes en toda producción musical:

▷ Que cada instrumento se perciba de forma clara y además diferenciada. No queremos que los instrumentos se confundan entre sí, haciendo de la canción un barullo.

▷ Que el conjunto de los instrumentos suene de la manera más consensuada posible, sin interferencias.

La mezcla es motivo de broma y cansancio a partes iguales cuando se habla con un productor profesional. Se puede perder un número indefinido de horas con una mezcla, que por lo general muy pocas veces se verá como «terminada», debido a la gran cantidad de ajustes que se pueden hacer. Como las posibilidades son infinitas, muchos productores se ven atrapados en ese proceso, sobre todo los que empiezan. Será normal si te pasa esto, nunca sabrás si tu mezcla está acabada o si has pasado por alto algún sonido, algún *plugin* que podrías haber usado o alguna frecuencia fuera de lugar. La mezcla es un proceso sin límite, creativo, y como tal, tiene sus ventajas y sus desventajas. Te recomendamos, para que no te pierdas en un mar de creatividad y acabes odiando tu canción, que sigas estos sencillos pasos:

1. **Ajusta los volúmenes y el paneo de tus instrumentos.** Es uno de los pasos más importantes y te ayudará mucho a darle una estructura sonora a tu canción.

2. **Usa el ecualizador y utiliza compresores.** Estos dos pasos son los más significativos a la hora de mezclar una canción de manera adecuada, ya que te ayudarán a construir el sonido a partir de tu canción, que está cruda en este momento de la producción. La recomendación en la ecualización, por ejemplo, es no sacar

más de 3dB a ninguna frecuencia que provenga de un instrumento «real», ya que es posible que la mezcla te acabe sonando rara. Eso sí, si se trata de un sintetizador, cuyo sonido es puramente digital, no habrá ningún problema.

3. **Añadir efectos.** En este sentido, es mucho mejor quedarse corto que pasarse. Una canción demasiado tratada sonará artificial, no la podrás recrear de la misma manera en directo a menos que sepas perfectamente qué efectos contiene cada parte. La recomendación es añadir un poco de *reverb* (reverberación) a toda la canción. La reverberación se describe como la interacción de las ondas de sonido y las superficies que lo rodean. La intención aquí es darle cuerpo, sentido y unidad al tema.

Teniendo en cuenta estos sencillos pasos no tendrás ningún problema mayor a la hora de mezclar. No te preocupes si no encuentras los efectos, el ecualizador o el ajuste de volúmenes. Según el DAW que uses puedes encontrar el manual *online* sin problemas, con las indicaciones específicas que necesites. Añadir efectos en el proceso de mezcla es tan sencillo como descargarte un *plugin* VST.

Qué es un plugin VST y cómo lo instalo

En informática, un *plugin* («inserción» en castellano) o complemento es una aplicación que se agrega o instala en un programa y que añade con ello una nueva funcionalidad. El *plugin* permite al programa llevar a cabo tareas que el por sí solo no podría llevar a cabo. Una VST o *Virtual Studio Technology* es una tecnología en forma de interfaz que se añade a tu DAW y que te permite utilizar sintetizadores, teclados, instrumentos virtuales y un sinfín de herramientas más en la pantalla. Es decir, prescindiendo del aparato físico. Los *plugins* VST son herramientas muy útiles usadas en todo tipo de música, aunque donde más destacan es en la electrónica. Una manera fácil de grabar este tipo de música es por medio de teclados-controladores MIDI, que conectados al DAW nos permiten grabar melodías para después retocarlas con los VST.

Los *plugins* VST casi siempre se usan en el proceso de mezcla, pero también existen algunos que se usan en el proceso de producción para crear la música: sintetizadores, *samples* (una muestra o «parte» de un sonido) de instrumentos, etc. Después, están los VST que se usan en el proceso de mezcla, que aplican algunos efectos que modifican dicha música. Usa los que creas conveniente en cada fase de producción de tu canción.

Imagen de varios *plugins* VST en una pantalla

Fuente: *musicradar.com*

Para instalar un *plugin* VST basta con dirigirse a la página web del fabricante y descargarlos. Hay muchísimos gratis pero también encontrarás de pago, como los *plugins* de sintetizadores famosos de hace unas décadas, usados por artistas famosos y que ahora ya no se fabrican, son muy difíciles de conseguir o ya solo existen en digital. Normalmente los VST vienen comprimidos en rar. Tendrás que descomprimir la carpeta y encontrar un archivo que comúnmente lleva la extensión .dll al final. Ese archivo es el que tendrás que copiar y pegar en la carpeta donde compiles todos los VST.

En **REAPER**, por ejemplo, los puedes encontrar en el menú de Opciones>Preferencias>VST. En la pestaña «Añadir» puedes seleccionar la carpeta donde estés guardando los VST que te hayas descargado y aplicar cambios. Si quieres empezar a toquetear, te recomendamos que visites **Hispasonic**, un portal web con contenidos relacionados con la música y la producción musical. Cuenta también con un foro con infinidad de hilos en los que te puedes apoyar si alguna vez tienes dudas o te quedas atascado.

En la mezcla necesitas escuchar todos los instrumentos juntos y asegurarnos de que las pistas están alineadas. Es decir, que el bombo no empiece antes, que la voz no se atrase y que cada parte esté exactamente donde debe estar. En ese momento, la alineación sea la correcta, empezaremos la escucha punto por punto. Aquí es donde entra en juego la ecualización. El **ecualizador** es una herramienta que nos permite tratar el sonido subiendo o bajando los graves, los medios y los agudos. El ecualizador trabaja con las frecuencias específicas de un sonido y se suele usar para potenciar o esconder alguna frecuencia, consiguiendo así que la canción suene más envolvente, más cohesionada. Es una herramienta muy útil que te ayudará a eliminar partes del sonido de un instrumento que no confluyen bien con el resto, y al revés; te ayudará también a potenciar ciertos puntos que lo requieren. Jugar con el ecualizador te ayudará a entender la manera que tiene esta herramienta de potenciar según qué sonidos, así que te recomendamos buscarlo en tu DAW y usarlo en las pistas. Si tocas la guitarra, potencia los agudos al máximo y baja todo lo demás, y verás cómo, generalmente, pierde cuerpo. Pruébalo también al revés: quita los agudos y los medios y sube los graves. ¿A que el resultado es diferente?

Toquetea los efectos

Imaginemos que eres cantautor y grabas tus canciones con guitarras de fondo rítmicas y alguna melodía a modo de guitarra solista. En tu canción hay pocos instrumentos, así que probablemente necesitará relleno, que la canción suene con más cuerpo. La recomendación en este caso es que ecualices tu guitarra con los bajos un poco más altos de lo normal, que bajes los medios un poco y los más agudos tan solo una pizca. Así, conseguirás, de forma generalizada, que la canción tenga más calidez. No pasa lo mismo con un grupo de rock convencional, donde una batería, un bajo, un teclado, una guitarra y una voz llenan de sonidos distintos la canción. Puede pasar que necesites bajar los graves de la guitarra para dejar más espacio al bajo y a la batería a la hora de llenar los huecos sonoros graves. La ecualización dependerá del tipo de música que toques, los instrumentos y las notas. En el proceso de mezcla también se añaden los efectos a los distintos canales. Algunos efectos usados en voz y guitarra, por ejemplo, son el *reverb* o el *delay*, pero en tu biblioteca de efectos de tu DAW encontrarás infinidad más. La recomendación es, como siempre, la prueba y error. La mezcla final que obtengas en este paso será tu canción terminada. Te recomendamos que la exportes en .wav, un formato sin compresión de datos, lo que normalmente se traduce en una canción de buena calidad.

La masterización

La masterización es todo un mundo aparte del que de momento no te debes preocupar demasiado. Es un proceso meramente técnico en el que se pulen los detalles últimos de la canción. Es el punto final, su objetivo es hacer que la música termine por escucharse a un nivel de comercialización aceptable y se pueda reproducir en distintos dispositivos (vinilo, CD, *streaming,* etc.). En este proceso se suele decidir, por regla general, el espaciado entre canciones, los fundidos que se colocan al final y al principio, los formatos, la codificación digital conveniente, la compresión de los temas y mucho más. En este paso también se puede tocar la ecualización, pero no de cada pista como en la mezcla, sino tratando la canción como un todo. Se llevan a cabo procesos como la ecualización sustractiva, que consiste en exagerar las frecuencias para identificar qué picos hay y atenuarlos o eliminarlos.

> ▶ **El consejo:** Echa un vistazo al portal *musicodiy.com,* (Do It Yourself), una web con infinidad de recursos para músicos que empiezan su aventura *online*. Te ayuda tanto con la composición de tus canciones como con la edición, las campañas de marketing, el crowdfunding, la distribución y mucho más.

Los procesos de mezcla y masterización requieren amplios conocimientos y una cierta experiencia en la producción musical, no es algo que se pueda aprender en un par de días. De hecho, muchos productores y muchos músicos que se producen su propia música no conocen los procesos de masterización y confían en otros estudios o en personal expresamente cualificado para llevar a cabo dichos procesos. No lo hacen solo por falta de conocimientos, algunos productores sí los tienen, pero una segunda opinión siempre ayuda a detectar errores que nosotros mismos hemos podido pasar por alto. Si quisieras ahondar en este tema, te recomendamos que investigues sobre los compresores que puedes instalar en tu DAW, que te descargues distintos *plugins* de efectos adicionales y que manejes la ecualización a medida para tu canción. Es posible que algunos DAW, por ser gratuitos y por ende, con recursos limitados, no dispongan de todas las herramientas necesarias para masterizar una canción, como los compresores, que te puedes descargar en forma de VST. Un compresor es un tipo de procesador electrónico del sonido que reduce la ganancia de la canción en determinados puntos, normalmente cuando supera un determinado umbral o *threshold* en inglés. Los compresores se usan para que la canción adopte más fuerza o tenga más consistencia, y cada uno es diferente. Hay productores que usan siempre un compresor determinado porque ya están familiarizados con él.

En estos momentos, ahora que empezamos, la recomendación principal es que grabes los instrumentos de la mejor manera posible, con una buena tarjeta de sonido y mediante un DAW gratuito como REAPER. Una vez hecho esto, puedes usar infinidad de *plugins* VST para mejorar el sonido de tu canción. De la masterización no te preocupes demasiado, tan solo quédate con los conceptos básicos para cuando pases a un nivel más avanzado.

Ensayo y error

Como has podido ver, el proceso de producción de una canción es a la vez sencillo y complejo. El procedimiento va a ser siempre el mismo: conectar nuestros instrumentos al DAW, grabar, editar, mezclar y exportar. Más adelante, dentro de cada uno de estos procesos, a base de la experimentación y el método «ensayo y error» obtendrás más conocimientos y alternativas. Internet dispone de una gran cantidad de herramientas para grabar: programas, *plugins* VST, sintetizadores, compresores, foros, tutoriales... aprovéchate de todo los que encuentres y absorbe todo el conocimiento que puedas. Errar es humano, y aprender de ellos para evitar que se repitan forma parte del conocimiento. Piensa que tanto los músicos independientes que se producen su propia música de manera exitosa como los productores que pueden vivir de ello empezaron algún día poniendo la misma cara que has puesto tú al leer que te iría bien probar algunos VST. Ten paciencia y practica la perseverancia. Si hoy no sale, mañana saldrá.

Algo que no te hemos dicho en este capítulo pero que probablemente notes cuando amplíes tus conocimientos sobre producción musical es que se invierte mucho tiempo en lo digital, los efectos, los elementos electrónicos, y mucho menos con la música en sí. Esto tiene sus ventajas y desventajas. La digitalización de la música ha incentivado la proliferación de programas y herramientas que facilitan su producción minimizando tiempo y recursos. Esto es genial, fabuloso, porque en vez de pasar dos meses en el estudio grabando un instrumento siempre podemos retocarlo o arreglarlo después en el proceso de mezcla y edición. Todo es curable, todo tiene salvación, los efectos taparán y maquillarán ese pequeño fallo y mejorarán la canción haciéndola más atractiva. La producción musical es más accesible, más democrática. Por otra parte, otros argumentarán que asistimos a la mercantilización de la música, cuya esencia a veces se pasa por alto, buscando en su lugar el éxito puramente monetario. Como ves, el debate está servido.

Si te decides a tener esta conversación filosófica con tus familiares, amigos, compañeros músicos y productores, mira antes este interesante vídeo de Jaime Altozano sobre la música pop: *La Verdad sobre la Música POP*, bajo el link:

5

CONTENIDOS VISUALES

MÁS VALE UNA IMAGEN

Escucha a primera vista: Cómo una imagen puede valer más que mil palabras

> A menudo, la importancia de la estética en la música se infravalora. Preocuparse por los aspectos visuales de nuestras canciones nos acercará a nuestros oyentes

Ya tenemos nuestra canción o grupo de canciones. Las hemos producido nosotros con nuestros propios medios y ahora necesitamos hacer algo con ellas. No sabemos el qué, pero algo. ¿Cuál es el siguiente paso? En estos momentos, lo único que tienes para presentarte ante tu público es un archivo sonoro. ¿Cómo puedo avanzar a partir de esto? ¿Subo ya la canción a mi canal de Youtube? ¡No tan deprisa! Probablemente sientas una necesidad frenética de compartir tu música lo más rápido posible con el mundo y mostrar a tus amigos lo que has hecho tú solo. En estos momentos, por frustrante que parezca, la paciencia será tu mejor aliada y jugará un papel imprescindible a la hora de mostrarte ante tu público. Es muy necesario que entiendas esto. Tus canciones no se van a ir a ninguna parte, están ahí, bien grabadas y preparadas para salir. Contienen todo lo mejor de ti, tu talento y tus letras, tus historias, tus sensaciones. No es el momento de subirlas a tu cuenta de Facebook sin presentación, sin adornos, sin ropa, sin zapatos, sin maquillaje, sin pendientes, anillos o collares.

En este capítulo aprenderemos la importancia de la imagen, muchas veces infravalorada. Aunque tu música sea la mejor grabada del mercado y tu talento sea descomunal, la manera con la que te presentas ante tu público es muy, muy importante. Ignorar la faceta visual de la música es ignorar una parte imprescindible de ella, un error. Kiss no sería el grupo de rock que es si no se vistieran de esa forma, si no cuidaran las portadas de sus CD, si no consiguieran lo que consiguen con su vestuario en el escenario. De la indumentaria hablaremos más adelante, en este capítulo solo le prestaremos atención a los aspectos visuales de tus canciones, de la música en sí. Para entender la importancia que este factor tiene en el descubrimiento y posterior reproducción de tu música, usaremos tu propia experiencia en las redes sociales. Entenderemos de esta manera la importancia de la estética y de la primera impresión. De todos los vídeos que aparecen en tu *feed* o Inicio en Facebook, ¿cuántos te paras a ver? ¿Cuántos vídeos ves enteros en Twitter o Instagram? La gran cantidad de estímulos visuales a los que nos vemos expuestos cada día disminuye nuestra atención. El verdadero significado de las cosas se encuentra a menudo escondido detrás de una cortina de estética y maquillaje en la que muchos se quedan, sin mirar más allá, sin abrir la puerta. Es en este mundo loco, lleno de anuncios de televisión, anuncios en tu móvil, en las aplicaciones, en tu ordenador, por la calle, en las mamparas de las paradas de los buses, etc., donde nosotros, de manera forzada, tenemos que encontrar un significado a todo lo que nos rodea. Este punto roza más que menos el estudio de la estética, y como esta, a través de los años, ha ido condicionando nuestra percepción, el conocimiento que tenemos sobre las cosas y hasta nuestro comportamiento.

No te lleves las manos a la cabeza, en este capítulo encontrarás de todo menos un sermón sobre cómo presentarte ante el público. Por más manuales e indicaciones que existan en el mundo de la publicidad, que es otro mundo aparte, no existe una fórmula perfecta para que la estética y la música se entiendan a la perfección. Lo rompedor será recibido, según una serie de circunstancias (algunas controlables y otras no) como una ingeniosa y agradable manera de presentarte ante el público, si no es que te acaban odiando por ser demasiado diferente. Sí, así es. Los polos opuestos son amigos en la estética, y no habrá manera de saber si tu portada del CD o canción gustará o no. Con este capítulo nos podremos dar por satisfechos si conseguimos despertar la curiosidad por el diseño y la presentación visual del trabajo musical. Ten en cuenta además, que si te pica la curiosidad con este mundo, siempre puedes profundizar más y hacer de tu imagen una parte más que importante de tu proyecto musical. ¿Qué sería de Pink Floyd sin toda su simbología, su imagen, su manera de presentarse al público, sus portadas? Está claro que ellos contaban con el suficiente dinero como para contratar un equipo entero de diseño gráfico llamado Hipgnosis (que también trabajó con el *Houses of the Holy* de Led Zeppelin), pero nosotros también podemos conseguir resultados potentes con una ristra de programas de diseño y edición de productos visuales y un poco de imaginación.

➲ ¿Qué sería de Pink Floyd sin toda su simbología, su imagen, sus portadas? Trabajar el lado visual de nuestra música ayudará a presentarnos a nuestro público con éxito

Con todo esto no queremos decir que el contenido no importe. Ciertamente, al final, lo que los usuarios de Internet escucharán es tu música, pero los elementos visuales constituirán el puente sobre el que caminarán estos oyentes potenciales hasta toparse con el producto. Tu trabajo, tu esfuerzo y tu imaginación serán los que decidirán si ese puente es de papel mojado o de robusta madera. En realidad, esto es un berenjenal de cuidado, porque si empezamos a hablar de estética tendremos que hablar de arte, diseño y eventualmente, de belleza. Si llevamos a cabo un trabajo de diseño tendremos que preocuparnos porque sea bonito, para atraer al máximo número de personas posibles. Y eso sí que es un problemón. ¿Qué es la belleza? ¿Qué es bonito, feo o deseable? Imposible determinarlo, así que volveremos a lo mismo, ensayo y error, pero con una variable más: creatividad. Esta es la etapa donde tu imaginación tiene que volar. Más adelante ya tendremos tiempo de analizar qué técnicas son las mejores para promocionarse en Internet, qué derechos son los que te debes asegurar, qué tipo de redes sociales te conviene más y qué técnicas podemos usar para publicitar nuestra música *online*, pero ahora es el momento de producir esbozos, miles y miles de ellos, hasta que estemos contentos sobre cómo decidimos presentar nuestra música.

No hace falta que hablemos de la importancia pues, de las primeras impresiones. Eso está más que sabido. La vista es uno de los primeros sentidos en hacer juicios de valor, y aunque ese juicio (que en este momento sería un prejuicio) puede cambiarse, las bases ya están asentadas. Más tarde, si la primera impresión es deficiente, tendremos que hacer un esfuerzo para paliar las consecuencias negativas que la primera impresión ha causado, y eso se traduce en más y más trabajo, más esfuerzo. Un esfuerzo que resulta innecesario si desde el primer momento hubiéramos causado una mejor impresión. Está claro que no podremos manejar el impacto que nuestros proyectos visuales tienen sobre el público, pero sí que al menos podemos esforzarnos en hacer que se identifiquen con nuestra música. Y aquí vienen los principales objetivos sobre los que debe centrarse toda actividad relacionada con lo visual de nuestra música. Los elementos visuales tienen que tener por objetivo:

▷ Mostrar en código de imagen la música que representan
▷ Atraer potenciales oyentes

Sí, lo sabemos, esto no tiene por qué ser siempre así. No hay ninguna ley que te impida hacer pop religioso y dibujar cualquier clase de diablo en la portada de tu disco. Incluso es posible que sea una buena estrategia de marketing y te ayude más que te perjudique. En este sentido topamos otra vez con la misma disyuntiva. La música es arte, y como tal, no puede domarse o atender a reglas, por mucho que hayas escuchado lo contrario. La creación del ser humano es libre y el arte debe servir para expresar emociones, ideas, pensamientos y sensaciones de manera libre y sin ataduras. Será solo en ese momento cuando el arte fluya por tus venas de forma más auténtica.

Al hablar de elementos visuales, estamos hablando también inevitablemente de marketing y publicidad. Probablemente parezca que son lo mismo, pero nada más lejos de la realidad. A efectos prácticos, la publicidad se encuentra localizada dentro del marketing, trabaja para que los objetivos de este se consigan. El marketing, que se podría entender como «mercadotecnia» si lo tradujéramos del inglés, se entiende como todas aquellas estrategias y acciones que se llevan a cabo para conseguir una serie de objetivos. Entre esos objetivos, las empresas buscan añadirle valor a sus productos para que sean finalmente comprados por el consumidor potencial, al que se le ha creado una necesidad mediante dichas estrategias. Alrededor de esta definición siempre ha existido mucha controversia, porque el marketing es como el amor. Todo el mundo cree entenderlo pero no es hasta que nos cruzamos con él que nos damos cuenta de que no es tan fácil. El marketing trabaja para que una marca sea más aceptada, más querida y más seguida por su público objetivo. En este capítulo nos centraremos en los cuatro elementos visuales principales relacionados con la música:

▷ El logo de tu banda o como solista

▷ La portada de tu CD o canción

▷ El videoclip

▷ Tu página web

Si nos tomamos nuestro tiempo para trabajar estos cuatro elementos gráficos, cuando salgamos a comernos el mundo e Internet, todo nos será mucho más fácil, porque nuestra música estará vestida. Además, tanto el logo como la portada del CD o la canción nos ayudarán a crearnos una identidad visual o marca personal que nos servirá más adelante para que nos reconozcan en las redes sociales y más allá de ellas, en el mundo real. Es la hora de trabajar con uno de los sentidos que más ojo tiene, la vista. Vamos a por ella.

El logotipo

Vamos a crear una imagen que defina o describa la música que haces y vamos a conseguir así que te reconozcan con ella. Para ello, nos serviremos del logotipo. El logo tiene una bonita historia, y es que los artesanos del vidrio, la madera, el barro y demás lo usaban para marcar su trabajo, tradición que ha ido viajando generación tras generación tras llegar a nuestros días. Un logo se conoce como un signo gráfico diseñado para identificar un producto, un proyecto o una entidad, pero en realidad es más que eso, y es que existen varios tipos de logos aunque a todos se les conozca como tal. Veámoslo aquí:

❏ Logotipos: marca compuesta por palabras. Contiene texto y nada más. Todo lo demás es meramente decorativo o reforzador, como los de Muse y Tool.

❏ Imagotipos: hechos de letras más imágenes, independientes entre sí. Este tipo de logos se suelen separar y tanto la imagen como el texto son perfectamente identificables, pueden funcionar por separado.

❏ Isotipos: representación puramente gráfica, sin letras. Se componen de un dibujo sin texto requiriendo con ello un mayor trabajo para conseguir el reconocimiento. Seguro que estos los conoces, son los Rolling Stones y el DJ Avicii. El tercero es de TAFKAP (¡dejamos que busques quién es si no conoces la historia!).

❑ Isologos: compuestos por una imagen y una o varias palabras, pero que no pueden dividirse porque forman parte de un todo, que es el logo reconocible.

❑ Emblemas: logos que se encuentran enmarcados o encerrados dentro de una forma o figura. Tienen aspecto sólido y hacen referencia a los escudos de la antigüedad. Suelen transmitir más carácter y potencia por su forma.

Para que tu logo sea eficaz, te recomendamos que eches un vistazo *online* a listas y listas de logos musicales que te gusten para coger ideas y empezar a trabajar sobre una base ya creada. También, quizás a alguna lista de logos que fracasaron en su momento y nunca más se supo. Si aun así tienes dudas y no sabes por dónde tirar, intenta que tu logo cumpla estas características:

▷ **Simplicidad:** Cuanto más sencillo, mejor. No estamos intentando diseñar un jeroglífico, sino un logo, que es la máxima expresión de la sencillez dentro del diseño gráfico.

▷ **Escalabilidad:** Tiene que poder reducirse y ampliarse al gusto. Por eso es recomendable que sea una imagen vectorial, que es aquella que por más que la estires jamás se deformará ni se verá borrosa. Son imágenes representadas a partir de fórmulas matemáticas, justo lo contrario que las imágenes *raster*. Estas usan píxeles para ser visualizadas en una pantalla y como tal, están condicionadas por el tamaño del píxel.

▷ **Representabilidad:** Aunque tienes libertad para diseñar, es mucho mejor que tu logo represente tu música de alguna manera. Así, atraerás a tus potenciales oyentes, aquellos que reaccionarán antes que otros cuando vean tu logo, porque reaccionarán a un tipo de música que les atrae. No debes diseñar el logo de una manera determinada tan solo por capricho.

▷ **Originalidad:** Por mucho que nos digan que todo está inventado, siempre habrá alguna novedad que descubrir. El diseño de tu logo debe ser diferente, característico, tuyo.

▷ **Durabilidad:** Si tu logo se identifica con alguna moda (y las modas siempre suelen ser pasajeras) corres el riesgo de que no dure, de no poder usarlo más allá de un tiempo determinado porque se volverá viejo, perderá significado. Ten en cuenta las tendencias, pero no vivas de ellas.

▷ **Adaptabilidad:** Al principio usarás tu logo tan solo en las pantallas, pero más adelante tal vez lo quieras imprimir, lo quieras dibujar y modificar, planchar en una camiseta, etcétera. Cuanto más adaptable sea, mejor, y eso pasa por prescindir de puntas muy afiladas y diseños complicados, por regla general.

Estas son algunas de las características que deberías tener en cuenta a la hora de diseñar tu logo. Con este ejercicio estaremos intentando condensar la energía, el espíritu y la idea de tu música dentro de una imagen, y esa puede ser una tarea de meses. No seas tampoco demasiado exigente y pide consejo. Puedes hacer escuchar tu música a tus amigos, familiares y algunos extraños para pedirles qué imagen se les viene a la cabeza al escucharlo. Tienes que ser claro con la idea que quieres transmitir, evita meterte en fregados como incorporar dibujos muy extraños y difíciles de entender, con demasiados detalles. Haz bocetos y mejóralos con el tiempo, y si puede ser, haz que tu logo funcione tanto si está en color como en blanco y negro. Tu logotipo también puede contener una historia detrás que no sea fácil de captar, un sentimiento o concepto que puedas explicar y que se convierta en una característica especial. Un ejemplo de ello son estos dos logos no musicales, tan simples pero geniales a la vez:

Parecen logos no muy pensados, simplemente son las letras de la empresa con algún que otro color. Bien, pues el logo de Google usa los colores primarios y es tan sencillo que pretende evocar la facilidad con la que se puede buscar en su producto, el buscador. Es una asociación de ideas que a primera vista puede no tener mucha importancia, a pesar de estar cuidadosamente trabajada. La sonrisa del logo de Amazon la conocemos todos, pero ¿sabías que la flecha que va de la A a la Z significa que ahí puedes encontrar todo lo que busques? ¿Ingenioso, verdad? Ambos son logotipos sencillos pero potentes, tienen un significado. Tú puedes hacer lo mismo con tu música si este tipo de logos te inspira. Un logo simple y directo, hecho a base de letras, puede ser muy potente porque es un logo atemporal, no caduca.

▶ El consejo: Si te interesa el diseño gráfico echa un vistazo al canal de Youtube de **Marco Creativo**. Tutoriales, diseños, trucos, tipografías, procesos creativos, consejos... todo y más para el que quiera ahondar un poco más en este tema.

Para crear un logo primero necesitas una idea, y después, ejecutarla. Cuando hayas trabajado la idea y la esencia de lo que quieres transmitir, deberás encontrar un programa con el que darle forma a ese proyecto. Aquí te ofrecemos algunos programas de edición gratuitos que te ayudarán a fabricar tu logo:

▷ *VECTR.* Editor de vectores minimalista, fácil de entender y que permite importar proyectos directamente a las redes sociales o mediante un link único que te permitirá compartirlo con amigos. Puedes subir imágenes y dibujar toda clase de formas.

▷ *CANVA.* Editor que puedes usar *online* con varias opciones de personalización, muy recomendable para practicar.

▷ *GIMP.* Uno de los mejores programas gratuitos para trabajar tanto con fotografías como dibujos hechos en el mismo programa. Es el rival gratis de Photoshop, de gran calidad y fácil de entender.

Si no quieres usar un programa y te decides a dibujarlo en papel para después pasarlo al ordenador, puedes escanear tu trabajo e importarlo al programa de edición. Te recomendamos que, a la hora de subir tu logo a alguna plataforma *online*, consultes en Internet las medidas. La medida estándar que te recomendamos son 500x500 píxeles, cuadrado. Si lo quieres subir a Facebook, Twitter o Youtube, deberás tener en cuenta las diferencias entre las fotos de perfil o de las páginas, en el caso de Facebook. También puedes fabricar una portada en redes sociales con tu logo, por lo que necesitarás alargarlo (de ahí que te recomendemos que sea vectorial) o añadirle algún elemento para que encaje bien en el rectángulo, que es la forma general de las portadas. A partir de aquí, ya cuentas con las herramientas necesarias para ponerte cuando antes a crear un logo que te defina. Te recomendamos además que lleves contigo un cuaderno pequeño allá donde vayas para apuntar y dibujar todas las ideas que te vayan surgiendo. Por lo demás, no te comas demasiado la cabeza, intenta que tu logo transmita lo que transmites con tu música o que te identifique de alguna manera.

La portada del CD

Tanto si tienes una canción como si tienes cuatro o diez, existen algunas plataformas de distribución musical *online* que te pedirán una portada. En la mayoría de casos, por no decir todos, es un requerimiento opcional, pero nosotros te recomendamos que subas tus canciones con una portada pensada específicamente para las canciones que tienes, aunque solo tengas una. Una portada te puede ayudar a contextualizar tu música y dotarla de un sentido, pero lo más importante de todo es que llamará la atención del oyente potencial. Muchas veces, aunque no parezca justo, escogemos un libro por delante de otro porque la portada del primero nos atrae más. En realidad se trata de una cuestión de prejuicios que llega hasta la elección de la música. Piensa además que si das algún concierto en algún bar pequeño para empezar, te interesará vender tus maquetas al público asistente, y no las vas a vender dentro de un plástico y nada más, ¿verdad?

La comunicación visual, aunque no lo es todo, siempre ha disfrutado de un papel muy importante en nuestra sociedad. De hecho, las primeras comunicaciones se dejaron pintadas sobre piedra para futuras generaciones. Una sola imagen, diseño, dibujo o ilustración puede transmitir cientos de ideas y conceptos. La portada, en este caso, evocará todo el contenido que hay detrás y apelará a una serie de conceptos sobre los que tus oyentes quieren saber. Lo más importante, al fin y al cabo, es que tu portada genere algún tipo de impacto en la mente de las personas, algún tipo de «clic» que les haga querer descubrir qué hay más allá. Y eso solo se consigue siendo fiel a lo que queremos transmitir, porque al final, la portada del CD representa tu música, y tu música te representará a ti. Si aún no te hemos convencido, piensa al menos que la imagen es una poderosa herramienta de comunicación blindada ante la barrera del idioma. Puedes expresar lo que quieras con ella, solo tienes que escoger el concepto adecuado. Si lo tuyo es la música electrónica, tal vez te interese más dibujar o diseñar algún tipo de imagen más futurista o con muchos colores. Si compones rock'n'roll clásico de los cincuenta tal vez estaría bien que hicieras un *collage* con las caras de muchas personas distintas con el pelo a lo Elvis Presley, por poner un ejemplo. Si haces música ambiental puedes sacar una fotografía de un paisaje que te guste. Todas estas ideas son estereotipos que puedes seguir o romper. En este sentido, te aconsejamos que te decantes por lo que más te guste y creas que se corresponde con tu música. Un buen ejercicio para descubrir qué tipo de imagen ligaría con tu música es escuchar tu CD con los ojos cerrados y hacérselo escuchar a los demás. ¿Te evoca la música a un concepto como el movimiento, o a un paisaje con pájaros cantando? Intenta entonces remover tus ideas y dar con la que más se ajuste a esa concepción de tu música. Aquí tienes algunos consejos cuando te pongas a diseñar tu portada:

- ❏ **Menos es más.** No cometas el error de sobrecargar tu portada asignando una imagen a cada concepto representativo de tu música que se pase por la cabeza. Piensa en simple, y después elabora un poco más tu idea. No hace falta llenar todo el espacio para que tu portada sea buena.

- ❏ **Calidad ante todo.** ¿Cuántas páginas de Internet o perfiles en redes sociales has dejado de mirar porque las imágenes se presentaban en una calidad espantosa? Cuida tu presentación, pide prestada una cámara un día si es necesario.

- ❏ **Los colores hablan.** El color rojo significa y evoca pasión. El color negro, luto, fuerza. El azul, relajación. Usa los colores a tu favor para transmitir tu idea de forma eficaz. Por ejemplo, no uses el negro total si tu disco es un disco pop animado con canciones hechas para bailarse.

La forma más fácil de crear tu portada es hacer una fotografía de buena calidad. Esto te salva del diseño y de todo lo demás. Si tu música es rap de denuncia tal vez te interese pasearte por tu pueblo o ciudad y fotografiar algo que te recuerde a las diferencias sociales que existen en nuestro planeta. Si tienes un espíritu más creativo, tal vez prefieras empezar a esbozar tu idea en vez de sacar fotografías. Elige el método que más encaje con tu personalidad y llévalo a cabo sin miedo. Asegúrate de tener un par de ideas en la cabeza antes de decidirte, y si te desanimas, piensa que la portada del plátano creada por Andy Warhol para The Velvet Underground es una de las portadas más famosas en la historia de la música. A veces lo más simple, gana. Si necesitas algunas ideas, investiga por Internet listas que incluyan portadas de CD como la *500 Greatest Albums of All Time*, de la revista *Rolling Stone*.

▶ **El consejo:** Consulta el archivo de plantillas de la página web de Duplicalia, *https://www.duplicalia.com/plantillas-cd-dvd/*. En esta lista podrás encontrar plantillas para descargarlas y todas las medidas que corresponden a las carátulas y los libritos del CD, así como las medidas de la rosquilla del propio CD, que también puedes personalizar.

Para crear tu portada, te recomendamos el programa del que te hemos hablado antes, **GIMP**. En Youtube encontrarás infinidad de tutoriales e Internet está plagado de manuales y foros en los que puedes consultar alguna opción o cómo usar una herramienta específica para conseguir los resultados que buscas. Aquí te dejamos una selección de algunas portadas que se hicieron famosas en su momento:

The Velvet Underground and Nico, *The Velvet Underground & Nico* (1967)

Led Zeppelin, *Houses Of The Holy* (1973)

David Bowie, *Aladdin Sane* (1973)

The Beatles *Abbey Road*, (1969)

Funkadelic, *Maggot Brain* (1971)

Supertramp, *Crisis? What Crisis?* (1975)

Con estas portadas tienes ejemplos de fotografías casi tal y como se sacaron o las podrías sacar tú, poco retocadas. También tenemos fotografías retocadas completamente y diseños. El único límite que tendrás a la hora de diseñar o fotografiar será tu imaginación. Deja que vuele. Si te interesa el diseño de portadas te recomendamos que eches un vistazo al grupo de diseño gráfico Hipgnosis, que han trabajado con artistas del calibre de Led Zeppelin, Pink Floyd, Electric Light Orchestra, Wishbone Ash, Syd Barrett, Roy Harper, Black Sabbath, Genesis, UFO, Yes, The Alan Parsons Project, Rainbow y Def Leppard. En los años setenta el photoshop no existía como tal, aunque se usaban técnicas que ahora consideramos como rudimentarias para conseguir algún que otro efecto, como en *Houses Of The Holy*. Si te interesa el tema, busca la historia de la portada de este LP, que habla sobre cómo unos niños terminaron embadurnados con pintura de coches. Te sorprenderás de lo que eran capaces algunos diseñadores para conseguir una buena obra. Merece la pena también el trabajo de Alex Grey, que ha colaborado con el grupo Tool. En el diccionario, al lado de las palabras «psicodelia» y «simbolismo» debería aparecer su nombre.

El videoclip

Hoy en día, el lanzamiento de una canción se espera que vaya acompañado de su correspondiente videoclip. Nosotros no vamos a ser menos y vamos a exprimir todo lo posible nuestra vertiente artística. No es necesario haber cursado estudios audiovisuales avanzados para grabar un videoclip, siguiendo una serie de reglas podemos grabar un videoclip bonito para compartirlo en Youtube y distribuirlo por las redes sociales.

Hay muchos músicos independientes y grupos que suben sus canciones a Internet sin disponer de videoclip. La solución es establecer la portada del CD como imagen estática en el vídeo y la canción de fondo. Este método también puede funcionar, pero te obliga simplemente a hacerle caso a la música, cosa que puede dificultar que tus oyentes escuchen la canción entera. Volvemos al tema de los estímulos. Mirar fijamente una pantalla con una imagen estática puede llegar a aburrir. O nos la ponemos de fondo o disfrutamos del videoclip, así que como lo primero ya sabéis cómo hacerlo, aprenderemos a hacer lo segundo de la manera más sencilla posible.

Existen muchos tipos de videoclips. El método que más usan los músicos con bajos recursos o que no disponen del dinero necesario para pagar todo un equipo es grabarse a ellos mismos delante del micrófono. Si pudieras disponer de una cámara que grabara en buena calidad, al menos en *Full HD*, podrías conseguir un videoclip muy potente. Solo necesitas colocarla en una esquina de la habitación donde grabes, encima de unos libros, y asegurarte de que estás bien iluminado. Para grabarte, lo mejor es que reproduzcas tu canción de fondo e intentes cantarla por encima. Como es tuya, te la sabrás. ¿Por qué te recomendamos que la cantes por encima? Para que te salga lo más parecida posible a la grabación y vayas a tiempo, que no te aceleres o te adelantes. Más tarde, cuando la edites, tendrás que eliminar el audio del vídeo que acabas de grabar y usar tu canción.

También puedes dar un ambiente más de estudio de grabación usando unos cascos. Si estás tu solo es mucho más fácil encajarte dentro de la imagen y conseguir mejores resultados. Si sois unos cuantos ya será más difícil y os tendréis que asegurar de caber bien y no taparos entre vosotros. Piensa que la grabación no tiene por qué hacerse en tu habitación, la podéis hacer al aire libre y usar un trípode. Si alguien os puede ayudar a grabaros, mucho mejor. Seguro que tienes algún amigo o conocido que controla las cámaras y te puede echar una mano en este sentido. Si tienes una cámara de acción de esas que graban con ojo de pez también la puedes usar, ahora puedes encontrarlas a buen precio. Aquí tienes algunos consejos para este tipo de videoclip, que es el que te recomendamos de momento:

❏ Usa diferentes planos. Grábate durante toda una canción desde delante, después grábate desde un lado y después pide a alguien que te grabe a trozos desde otros ángulos. Tienes que tener el máximo de planos disponibles para luego poder combinarlos y hacer un buen videoclip. Fíjate, en este caso, en el videoclip de la versión de «Titanium» que hace Madilyn Bailey en Youtube. Puedes encontrar el vídeo en este link: *https://www.youtube.com/watch?v=PGoCtJzPHkU*

❏ Grábate con tu instrumento si te gustaría que te reconocieran con él. Tanto si haces música electrónica como jazz, grábate con él. Es tu compañero, con él pasas mucho tiempo y con él has conseguido grabar tu CD. Ríndele homenaje y más adelante, cuando evoluciones, podrás recordar con cariño con qué equipo tocabas antes.

❏ No cambies demasiado rápido de plano, cíñete si puedes a las frases de tu letra o a los cambios en tu canción. Valora el uso de efectos especiales si entiendes de edición de vídeos. Si haces música electrónica tal vez le pegue más que una balada con tu guitarra.

> **El consejo:** Si tienes conocimientos de animación o conoces algún amigo que los tenga, sírvete de ellos para hacer tu videoclip. Investiga sobre las técnicas de animación como el *stopmotion*. Busca el videoclip de Gotye con Kimbra interpretando *Somebody That I Used To Know*. Lo puedes encontrar en este link:

https://www.youtube.com/watch?v=8UVNT4wvlGY

Estos videoclips de los que te hemos hablado hasta ahora tienen una cosa en común, y es que están muy cuidados en el terreno audiovisual. Te recomendamos que, si te interesa este tema, hagas algún curso gratuito o investigues tutoriales en Internet sobre cinematografía y cómo hacer un buen videoclip. Sin embargo, si quieres un videoclip para tu música pero no machacarte la cabeza con tecnicismos, te recomendamos que te grabes a ti mismo o que hagas tú mismo un vídeo sobre lo que te evoque tu música. Puedes grabar tanto espacios públicos como objetos, o puedes usar una sucesión de fotografías. En ningún lugar está escrito que un videoclip tenga que ser de una determinada manera, así que tampoco te encajones con este tema y déjate llevar. Cuando ya tengas la idea deberás usar un programa de edición de vídeo, que normalmente funcionan con una línea temporal y por capas, la misma disposición con la que funcionan los programas de edición de audio que te hemos presentado en el capítulo 4.

Mira los vídeos musicales que han hecho estos dos artistas: Caleb Hyles, versión de la canción *Let It Go*, de la película *Frozen* de Disney:

https://www.youtube.com/watch?v=kohD5z5mE0E

y Miracles Of Modern Science, versión de la canción *Get Lucky* de Daft Punk:

https://www.youtube.com/watch?v=YCvFdWnzkcl.

A veces, la calidad no hace falta para impresionar.

Un programa que puedes usar para grabarte en vídeo es el **Movie Maker**, quizás uno de los más fáciles y conocidos de Windows. La desventaja es que en Mac no lo puedes usar. Algunos programas gratuitos que puedes probar son **Shotcut, Filmora, Avidemux, Lightworks** y **VSDC Video Editor**, aunque algunos de ellos te agregarán una marca de agua en su versión gratuita. Si puedes acabar tu vídeo antes del tiempo que te da el programa para que lo pruebes, mucho mejor. Uno de los mejores es **Adobe Premiere**, su versión de prueba es de 30 días y es el más completo que existe, aunque tal vez algo complejo.

La página web

Cuando te decidas a subir tu música a Internet, lo mejor es que empieces por las redes sociales, creándote un perfil en Youtube, Facebook, Instagram, Twitter... en definitiva, las más usadas y las que más te convengan. Aunque en estas páginas puedes mostrar tu música, colgar tus videoclips, anunciar conciertos y hasta crear eventos, lo mejor es que tengas una página web en la que puedas aglutinar todas tus redes y además ir publicando contenido de diferente tipo. Hoy en día, la audiencia agradece mucho poder encontrar información sobre tu álbum de forma estructurada y poder leer una biografía cuando se interesan por ti. Además, puedes controlar tus ventas y tu *merchandising* desde ahí.

Tu página web también le puede facilitar mucho el trabajo a los medios de comunicación que quieran darte a conocer, sobretodo si se trata de revistas musicales. Más adelante hablaremos sobre las mejores maneras de acercarte tanto a los medios como a las discográficas. En tu página web puedes almacenar información sobre tu música, la historia que hay detrás de tus canciones, tus letras, vídeos sobre tus conciertos y concursos, que dinamizarán el sitio y atraerán más oyentes. Crear tu página web ni es caro, ni es difícil. Hoy en día existe una cantidad de herramientas gratuitas abrumadora, empezando por los blogs (Blogspot y Wordpress forman parte de los más usados) y acabando por páginas web que te ayudan con plantillas a crearte tu propio sitio *online*. Algunas son mejores que otras por temas de funcionalidad, organización y requerimiento de marcas de agua, pero la mayoría son muy fáciles de usar y muy intuitivas. Gran parte de los músicos, por no decir todos, disponen de página web, porque esa es la manera de tener una base desde la que parte tu información, tu música, tu contacto y la difusión de tus redes sociales. Tu web será de este modo como una pequeña empresa en la que invertirás tiempo, recursos y cariño pero que a cambio te comportará una serie de beneficios, aunque no siempre serán monetarios. Los principales propósitos de tu página web van a darte a conocer ofreciendo información a tu público y conseguir que tus oyentes compren y compartan tu música con otras personas.

Para sacarle el máximo provecho a tu página web, esta debería cumplir con una serie de características básicas:

▷ **Tiene que ser intuitiva,** fácil de entender, simple. Los contenidos deben agruparse bajo un título fácilmente identificable y normalmente colocado en la parte superior de tu página de Inicio, en las diferentes pestañas que agregues. En las pestañas solo debe haber una palabra, o como máximo tres.

▷ **Tiene que estar actualizada y con contenido relevante.** Cuando te decidas a inaugurarla, antes de promocionarla en tus redes sociales, necesitarás que cuente con un mínimo de contenido. No la inaugures jamás desde cero, tiene que tener algún tipo de atractivo para causar un impacto en el oyente y que más adelante vuelva buscando más.

▷ **No hagas pensar.** Haz que todo el contenido sea totalmente accesible desde cualquier subapartado en el que se encuentren. El menú tiene que ser siempre accesible.

▷ **Tiene que ser rápida.** Si tu página web tarda más de cinco segundos en cargarse, tienes un problema. Es imprescindible que busques un buen *hosting* (ahora hablaremos de ello) y que subas buenas fotografías pero no demasiado pesadas para que la página se cargue rápido.

▷ **No utilices la opción de «Abrir en otra pestaña».** Todos hemos pasado alguna vez por una web en la que, cada vez que hacíamos clic en un contenido o link, la página abría automáticamente ese contenido en otra pestaña. Esto crea confusión, cansa al que visita la web y hasta puede que el navegador la bloquee por identificarla erróneamente como *spam*. Esta opción solo se debe usar si queremos dirigir al que nos visita a una página externa, como cualquiera de las redes sociales, pero no en todos los clics que se realizan.

▷ **Usa un buen contraste de color, no colorees el fondo de verde fosforito y las letras de amarillo.** Lo mejor es que el fondo sea de un color claro, preferiblemente blanco, y las letras de un color oscuro. Sí que hay muchos músicos que lo hacen justamente al revés: fondo negro y letras blancas, porque transmite creatividad, arte, pero la vista se cansa fácilmente con este tipo de combinación.

▷ **Evita la música automática.** A nadie le gusta entrar en una página web y que la música suene abruptamente. Nos gusta más controlar lo que suena y lo que no, así que es mejor que dejemos la decisión al que nos visita.

▷ **Usa imágenes, no llenes tu página de texto** porque nadie se lo leerá, a menos que sea tu bibliografía o la historia de tu CD.

Aun así, un buen consejo es acompañar este tipo de relatos con imágenes bonitas, tuyas, de cómo has evolucionado, tus instrumentos, tus conciertos.

▷ **No te olvides de las redes sociales.** Es muy importante que tus oyentes puedan interactuar contigo. La web no es como los periódicos de antaño, un tipo de comunicación unidireccional donde la parte receptora no tiene nada que decir. Que vean que hay alguien ahí, alguien humano que hace música y que, como tal, interactúa con la gente.

Si sigues estos consejos tu página web ya tendrá mucho ganado. Piensa que quien haya accedido a tu web ya ha dado un primer paso, el paso de buscarte y darle clic al enlace. Esto significa mucho, porque quiere decir que se está mostrando interés. Después, dependerá de la calidad de tu web el hecho de que se queden o de que la abandonen en cuestión de segundos. Vamos a intentar esclarecer, paso por paso, cómo podemos crear nuestro portal y cómo favorecer que el oyente se quede dotándola de contenidos de calidad:

El dominio y el hosting

Imagínate que queremos abrir una tienda de chucherías. El nombre de la calle, entre otras cosas, es lo que necesitas para saber dónde se encuentra físicamente esa tienda. Si lo extrapolamos a Internet, el dominio es la dirección web, el nombre de la página que el usuario tiene que teclear en el navegador para que este lo redirija. *Google.com* es un dominio, así como *facebook.com* o *estelibromolamogollon.com*. Para que esa tienda funcione necesita una trastienda, estanterías, recipientes, para que las chucherías se puedan almacenar. Eso es el *hosting*, un almacén virtual que sirve para guardar todos los datos de tu página web. Este almacén lo puedes tener tú en tu casa (en un servidor local) o acudir a una empresa especializada que te ofrecerá un espacio determinado para guardar tu contenido, así como otros servicios, como por ejemplo, direcciones de correo personalizadas. Dependiendo de lo que pagues por cada uno de ellos, tendrás unos servicios u otros. Estos dos servicios, el dominio y el *hosting,* se pueden contratar con la misma empresa o con empresas diferentes, aunque también puede llevarlos la misma empresa. Cuando contrates un *hosting* fíjate a ver si incluye un dominio gratis, de qué ancho de banda dispone (para que no se colapse), el soporte o ayuda por parte de los proveedores y la velocidad a la que funcionará tu web. Los *hostings* presentan limitaciones importantes, ya que las empresas que te ofrecen este servicio esperan que pagues una cantidad por un mejor servicio, cantidad que puede llegar a los 100 o 120€ al año por un servicio medianamente normal, sin marcas de agua o publicidad. Investiga los planes que te ofrecen empresas como **Wix, Ionos** (antes llamado 1&1), **GoDaddy** o **Hostinger** y asegúrate de averiguar todos estos parámetros que te hemos comentado en los planes que te ofrezcan. En este campo sí que te recomendamos hacer una pequeña inversión antes que aceptar un *hosting* totalmente gratuito, porque estos suelen presentar muchas debilidades. Es muy posible que tu página web se caiga, se interrumpa, que no cargue o que vaya muy lenta. Eso nadie lo agradece y la mayoría de las veces, por no decir siempre, propiciará que los internautas acaben por cerrar tu web. Otra recomendación que te va a costar cero es que uses plataformas como **Wordpress** y **Blogspot**. Son plataformas muy completas, con algunas plantillas gratuitas. Si pagas una pequeña cantidad, hasta te dejan eliminar el .wordpress del nombre del dominio, para que la dirección de tu web tenga un nombre más personalizado y profesional, así como más espacio para colgar tus vídeos y monetizar tu web con anuncios. Escojas lo que escojas, asegúrate de que tu dominio se llame igual que tus páginas en Facebook, Instagram, Twitter o tu canal de Youtube. Así, cuando te busquen, también les aparecerán tus redes sociales.

La página de Inicio y el contenido

Tu página de inicio será la puerta de entrada a la tienda de chucherías. Si esta puerta es bonita, atractiva, colorida, clara y se abre rápido, los internautas los agradecerán mucho más y empezarán a navegar. Aquí es donde se pasa la primera prueba. La página de Inicio tiene que ser fácil de ver y fácil de utilizar, y tiene que contar con un menú que esté a la vista. No hagas pensar a tu audiencia, porque no lo van a hacer. Una página de Inicio que sea un laberinto no tendrá el mismo éxito que una página bien estructurada. Además, es mejor no sobrecargarla y que cuente con una foto de tu grupo, tu logo, tu persona o tus instrumentos, un elemento visual que identifique tu página web.

Ese menú del que te hablamos conectará con los diversos contenidos de los que disponga tu web, como puede ser tu biografía, tus noticias, un blog, tus vídeos, fotos, redes sociales y tu teléfono o e-mail de contacto. En este momento te recomendamos que crees una dirección e-mail específica para tu carrera o trayectoria como músico. Necesitas un correo con tu nombre que te identifique, no muy largo, y fácil de recordar. Si tiene el mismo nombre que tu web y tus redes sociales, mucho mejor. Estos son algunos ejemplos de páginas de Inicio en las que puedes inspirarte. Fíjate en el menú, casi siempre posicionado en la parte superior:

Página de Inicio de la DJ y productora de música electrónica Miss Krittin a fecha de enero de 2019 (*http://www.misskittin.com/*)

Página de Inicio del músico Bruce Springsteen a fecha de enero de 2019 (*http://brucespringsteen.net/*)

'OUR DATES   AOKI MEDIA   AOKI FOUNDATION   AOKIFAM   SHOP   MAILING L

AOKI, DEORRO, MAKJ & MAX STYLER – "SHAKALAKA" ERYWHERE

IUNE 15, 2018 ■ AOKI MUSIC ■ NEWS

ʌp for the weekend! New song with Deorro, Max Styler and MAKJ called SHAKALAKA out
ʒel! Listen/Download here: steveaoki.is/Shakalaka   ... **READ MORE...**

AOKI FOUNDATIO

STEVE ʌ
FOʌNDAʌ

The AOKI FOUNDATION's prim
supporting organizations in th
science and research areas wi
specific focus on regenerative
and brain preservation. Our vi
one day see a world where de:
brain diseases do not exist an:

Página de Inicio del DJ Steve Aoki a fecha de enero de 2019 (*http://www.steveaoki.com/*)

Página de Inicio del músico George Clinton (con Parliament y Funkadelic) a fecha de enero de 2019. Aquí, las tres rayas de la izquierda despliegan el menú (*https://georgeclinton.com/*)

Página de Inicio del grupo Manel a fecha de enero de 2019. En este caso, las tres rayas de arriba a la izquiera despliegan el menú principal (*http://www.manelweb.com/*)

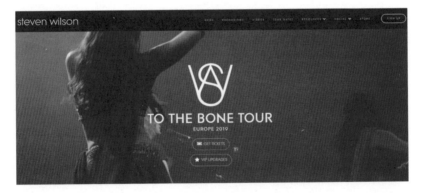

Página de Inicio del músico Steven Wilson a fecha de enero de 2019 (*http://stevenwilsonhq.com/sw/*)

No lo parece, pero todas estas web son fáciles de crear, tan solo necesitas trastear con **Wordpress** u otro creador de blogs y páginas webs y cogerle el truco. Wordpress, por ejemplo, funciona con *plugins*, que te pueden ayudar a vender tu música, pero solo si contratas la opción Business, que tiene un coste. Un truco para evitar pasar por el aro es vender tu música en las páginas distribuidoras que elijas, como **Bandcamp** y **Soundcloud**, de las que hablaremos más adelante. De esta manera, no tienes que optar por usar *plugins*. Todo dependerá de la inversión que quieras realizar. Si te gusta la interfaz de Wordpress y sois unos cuantos en tu grupo de música, podéis pensar en optar por esta opción.

Aunque te decidas por otras aplicaciones para la parte del *e-commerce* (comercio electrónico, comprar y vender *online*) no descartes Wordpress como tu plataforma de creación de páginas web. Es una herramienta muy fácil de entender porque es muy intuitiva. No necesitas conocimientos técnicos expresos para aprender a usarla y trabaja de manera muy visual. Si en algún momento no sabes cómo instalar algún *widget* o aplicación externa, tienes mil tutoriales a tu disposición para aprender a hacerlo. Lo único que te puede llevar problemas con estos tipos de gestores de contenido gratuitos, es con la parte de la compra de la música. La mayoría de ellos, por no decir todos, requieren que adquieras el plan Premium para poder vender a través de su portal. Si tu intención a la hora de crear una página web es tener visibilidad y contar con un portal donde toda tu información esté reunida, no lo dudes y usa Wordpress. También puedes probar plataformas como **Webnode** o **Weebly** para la parte del e-commerce.

El portal web **TechRadar**, con más de 500.000 seguidores en Facebook y 200.000 en Twitter, ofrecía cinco creadores de páginas web para músicos en un artículo titulado «El mejor creador de sitios web para músicos en 2018». Estos son **Bandzoogle, Wix, Music Glue, Difymusic** y **Tumblr**. Prueba cada uno de ellos e investiga sobre las opciones que ofrecen. Lo que sí tienes que entender es que el «gratis total» suele significar «de poca calidad». Con la plataforma **Wix**, por ejemplo, su marca de agua, tanto en la página web en sí como en el nombre del dominio, molesta, además de crear una imagen de poca profesionalidad, incluso hasta de dejadez. Nuestra recomendación es que investigues tanto los dominios como los sistemas de gestión de contenidos o CMS (*Content Management Sysyem*) y sopeses si de verdad vale la pena el «gratis total» o puedes invertir un poco en calidad.

Tu menú principal debería contar con el mínimo de pestañas posibles, es mejor no sobresaturar el Inicio para que buscar contenido no resulte difícil nada más entrar en la web. Ya hemos dicho que al internauta no le gusta pensar, así que si se lo damos todo masticadito se quedará más tiempo en nuestra página web. Estas son las secciones que tu web debería tener:

❏ **Biografía:** Indispensable. Si los oyentes han hecho todo el camino que supone abrir el navegador, escribir tu página web o simplemente le han dado clic a un link que han visto para acceder a tu página web, es porque sienten curiosidad y quieren saber más. Dota tu portal de una pequeña biografía (dos o tres párrafos como máximo) que explique quién eres y por qué dedicas tiempo a la música. Si adjuntas una foto tuya con tu instrumento, mucho mejor. Más abajo, puedes explicar con más detalle cuántos conciertos has hecho y otras cosas que sean de interés, pero asegúrate de contar con un par de párrafos explicativos diferenciados del resto que sean fáciles de leer.

❏ **Música:** Básico. Parece mentira, pero muchos músicos se olvidan de esta pestaña. La compra y la escucha de tu música tiene que ser más que accesible. Asegúrate de que quien entre en tu página web tenga a su disposición un botón o un enlace en el menú para llegar a iTunes, Amazon u otras plataformas que uses para vender tu música.

❏ **Conciertos:** Si estás planeando dar un concierto, esta es la parte donde puedes adjuntar un calendario y marcar la hora y el sitio. Será la agenda donde tus oyentes podrán informarse de dónde verte próximamente.

❏ **Fotos:** Es muy importante contar con una sección donde poder colgar las fotografías de tus conciertos o actuaciones, aunque sea en salas muy pequeñas. Asegúrate que tengan un mínimo de calidad, las fotografías hechas por la noche con un móvil no suelen quedar bien, así que si ves a alguien hacerte fotos durante un concierto, acércate después a él para pedírselas. Ese puede ser el comienzo de una relación de colaboración, puesto que puedes nombrarlo a él en las fotos y él puede venir más veces a hacerte fotos.

❏ **Vídeos:** Muchos músicos envían directamente a sus fans a su página web de Youtube. Sin embargo, como hemos dicho antes, es mejor hacer las cosas fáciles para los internautas, así que colguemos en esta sección los vídeos de Youtube o los links a través de un *plugin* o una pequeña aplicación dedicada.

❏ **Prensa/Media:** Si alguna página web te menciona o sales en algún periódico local, guarda el recorte, hazle una foto o descárgalo de Internet y adjunta esa fotografía en tu web. Ver que otros hablan de ti hace que tu perfil como músico sea más interesante y real.

❏ **Contacto:** Imagina que una discográfica se interesa por ti o que un músico quiere hacer una colaboración contigo después de ver tu magnífico trabajo. Es inexcusable hoy en día no disponer de un teléfono de contacto o e-mail donde poder acceder a ti. Por motivos de protección de datos personales, te recomendamos que des un e-mail, y no tu teléfono personal. Así, puedes contestar con calma a lo que te interesa y lo tendrás todo por escrito, que siempre ayuda.

Debes saber que el orden de los factores en este caso sí suele afectar al producto. No va a pasar nada si la pestaña de música está más atrás o está la primera, pero es importante cuidar hasta el más mínimo detalle de tu página web, y eso incluye el orden de las pestañas de tu menú. No es un error catastrófico, pero todas las pestañas de Contacto suelen encontrarse al final, porque representa que es lo último que vas a buscar o lo que menos interesa de todo. Los ojos, cuando abrimos una página web, se nos van hacia arriba a la izquierda, y si lo primero que ven es la pestaña Contacto puede parecer que lo único que quieres es que te contacten, que tu música o tus conciertos importan menos. Lo mejor de todo es que uses el orden que hemos usado en la lista anterior y si quieres, también puedes incluir una pestaña de Novedades en la primera posición. Esa pestaña úsala solo si eres un músico muy activo. La página de Inicio contará también con una foto de cabecera que debes cuidar. Tiene que ser de buena calidad, y si incluye el nombre de tu grupo o el tuyo como artista, mucho mejor. Además, asegúrate de incluir en algún lado visible del Inicio los links a tus redes sociales, pero solo en las que estés más activo.

Si tienes alguna duda a la hora de gestionar los contenidos de tu página web puedes acudir a las guías que ofrece el portal promocionmusical.es, en concreto bajo este link: *https://promocionmusical.es/recursos/guia-musicos/*.

Ofrecen infinidad de consejos, recomendaciones e instrucciones paso a paso sobre cómo estructurar tu página web de la manera más eficaz, escueta y directa posible. Si cuidas todos los elementos que hemos mencionado en este capítulo, tu página web puede salirte a un precio bastante interesante, o incluso gratuita. Ten en cuenta, como hemos comentado, que habitualmente la opción gratuita suele tener muchas limitaciones, por no hablar de la fastidiosa marca de agua, y sea en la página web en sí como en el dominio. Si estás empezando y de momento consideras que eso no es muy importante, gana experiencia construyendo tu página web con el gestor de contenidos que más te guste. La recomendación es que los pruebes todos y te quedes con el que mejor se ajuste a lo que necesitas. Si tenemos que recomendarte uno en particular, nos quedamos con Wordpress. Tanto Wix como los demás CMS de los que hemos hablado cuentan con varias herramientas que te ayudarán a crear una página web muy bonita y eficaz, pero Wordpress es nuestro ganador. Este gestor es uno de los más completos pero a la vez simples de manejar que hemos encontrado. Se adaptará a tus necesidades y aprenderás a usarlo rápidamente. No le tengas miedo a interactuar con todas las posibilidades que ofrece y verás como tu página web destacará por encima de las demás.

6

DERECHOS: LA PROTECCIÓN DE MI MÚSICA

QUÉ HACER CON LOS DERECHOS DEL CREADOR

Dónde debo registrar mis canciones para estar tranquilo a la hora de subirlas a Internet

➲ Conoce los entresijos legales de la producción y registro de tu música y protégete frente a vulneraciones de derechos de autor

Tienes lista tu música para subirla a tu nueva y moderna página web, que has trabajado durante días para que quedara lo más bonita posible. Estás a punto de darle al botón de «Subir» para incorporar tu música a tu portal cuando una vocecilla te dice: «Espera, espera, si no he registrado las canciones en ningún sitio... ¿me las pueden robar? ¿me las pueden plagiar?». Este momento de indecisión viene marcado por nuestro desconocimiento sobre cómo funcionan las leyes, los derechos, qué tipos de contratos existen y dónde y cómo debo «registrar» mi obra para poder protegerla. Es verdad que existe una gran cantidad de derechos y muchos tipos de contratos y que podemos volvernos locos intentando entender cómo funciona la ley sin haber estudiado derecho, pero no hace falta ser jurista o abogado para entender los conceptos básicos de la protección de tus derechos. En la era de Internet y bajo la ética *hacker*, compartir información de forma desinteresada y gratuita nos beneficia a todos en cuanto a la asimilación de conocimientos, pero eso no debe traducirse en una violación de derechos. Tu esfuerzo es tuyo, y en este capítulo aprenderemos qué derechos tenemos como autores y qué derechos amparan nuestra música, como obra de arte que es. No la cerraremos al mundo porque la intención es que tu música sea conocida por el mayor número de personas posible, pero estableceremos una serie de escudos protectores y una serie de pautas para aquellos que la quieran usar y reproducir, de forma que no te perjudique a ti. Esta protección de tus derechos no solo te ofrecerá soluciones contra futuros problemas como plagios, copias o robos, sino que te puede abrir la puerta a algunos beneficios, como el cobro de *royalties* o regalías, tema del que hablaremos más adelante.

Lo primero que te aconsejaremos es que tengas los ojos bien abiertos. En este capítulo estableceremos una serie de pasos que deberías seguir si quieres que nadie haga un uso indebido de tus canciones. Más adelante, si tienes éxito (¡seguro que sí!) acabarás firmando con alguna discográfica. Normalmente se empieza por una pequeña, especializada en un tipo de música en concreto y que apuesta por músicos nuevos que suenan bien. La misión de estas discográficas, por muy amables que te puedan parecer en la primera reunión las personas que la dirigen, es que están ahí para ganar dinero. Sí, para dar a conocer músicos del barrio, de la ciudad, de un cierto estilo que no se escucha mucho, pero también para ganar dinero. Si alguna discográfica te asegura que no te cobrará nada por grabar y que no se quedará con ninguna porción de lo que vendas, corre. Corre lejos y sin mirar atrás. Nadie regala nada, y aunque debemos creer que en el mundo hay muy buenas personas, porque las hay, no tenemos que ser ingenuos.

Te explicamos esto para que, cuando te salga la oportunidad de grabar de manera profesional, de tener un representante, sepas que tienes que mirar por ti, por tus intereses, porque nadie lo hará mejor. O tal vez sí, un abogado. Un abogado ahora mismo se sale de tu presupuesto, y para eso está este manual, para que aprendas a protegerte en tus primeros pasos, pero más adelante tal vez acabes necesitando uno. Y si puede ser, especializado en temas relacionados con la propiedad intelectual en el mundo musical. Si te interesa este tema te aconsejamos que investigues más o hagas un par de cursos, ya que el tema se las trae. Es muy importante que como músicos conozcamos nuestros derechos para que, sobre todo cuando empecemos, no se nos echen encima. De hecho, este tipo de conocimientos legales constituyen un gran dolor de cabeza para los artistas emergentes, porque desde fuera se ve muy complicado. Es posible que si empiezas a investigar, te sientas abrumado, pero no te preocupes. En este capítulo aprenderás lo necesario para comenzar con buen pie.

Tus derechos y opciones como músico

Ahora que empiezas en el mundo de la autoedición de un disco o maqueta y no tienes, en principio, ningún representante musical, te encuentras en una posición que algunos tildarían de privilegiada, porque no estás sujeto a las condiciones de ningún contrato. Estas condiciones le tocaron mucho la moral a un tal Prince, que tenía mucho más talento artístico que el que su discográfica podía gestionar. Si por él hubiera sido, se hubiera editado un disco a la semana, pero claro, hay que rentabilizar las ventas, y a las discográficas les parecía más inteligente dejar pasar unos meses o al menos un año para volver a sacar nuevo disco. El músico, que en su álbum debut (For you) aparecía como el autor de absolutamente todos y cada uno de los instrumentos (23, con varios sintetizadores incluidos) siempre tuvo el mismo problema, y es que desde el principio ya quedó claro que era un chico prodigio y que podía ofrecer mucho más que lo que el contrato decía. Los músicos que no tienen contratos con discográficas, como es tu caso, no tienen ese problema, y es que si algún día alcanzas la fama y tienes tanto o más ganas de componer que este hombre, puede que tengas un problema.

Los derechos de autor

Los contratos siempre establecen una serie de criterios en los que tú cedes y la discográfica también, pero menos, porque eres tú el que empieza. El hecho de que aún no tengas discográfica ni ningún contrato más de por medio te beneficia en el sentido de que eres totalmente libre para hacer lo que te plazca con tu música, tus canciones, la portada de tu CD, tus letras, tu videoclip y un sinfín de cosas más. Lo malo es que estás más desprotegido ante los posibles abusos, engaños y robos, así que en este momento te toca a ti informarte sobre cuáles son tus derechos como artista. El primer derecho del que te beneficiarás solo por el simple hecho de crear una pieza musical es el derecho de autor. El derecho de autor abarca tanto novelas y obras de teatro como fotografías, esculturas, dibujos o ilustraciones y composiciones musicales, entre otras. Se trata de una serie de instrumentos jurídicos mediante los que se protegen y se preservan los derechos de los creadores de dichas obras. Este derecho «se pone en marcha» desde el mismo momento en el que tú creas la obra. Por increíble que parezca, no depende de ningún procedimiento ni trámite oficial. La obra, desde el momento en el que es concebida, está protegida por ese derecho. Y ¿qué es exactamente lo que protege?

▷ La interpretación pública de la obra

▷ La transmisión, sea por el medio que sea

▷ La reproducción bajo diversas formas

▷ La grabación

▷ La traducción a otros idiomas o adaptaciones, como por ejemplo el caso de adaptación de una novela a un musical

Estos factores son los que tú, como músico, puedes controlar desde el minuto cero, entre otros. Por ese motivo no tienes que dar explicaciones a nadie tanto si quieres hacer un concierto con tus canciones como si las tocas con una guitarra o con un sintetizador o si las reproduces en una fiesta para dos o tres mil personas. Sin embargo, estos derechos se pueden ceder cuando el autor da su expresa autorización a la empresa, entidad o persona que lo pide. Esta cesión de derechos normalmente no es gratuita, se hace mediante un pago. Por eso, cuando queremos usar canciones de otros músicos o trozos de ellas, hay que pedir permiso a los titulares de los derechos de dichas canciones. Los titulares de estos derechos pueden ser muchos, no solo el artista en sí. Si quisiéramos hilar más fino, en realidad los derechos de autor se dividen en derechos morales y derechos patrimoniales, diferenciación que puedes investigar pero que ahora mismo no necesitamos explicar, porque es una mera clasificación. Con que te quedes con los conceptos básicos ya es suficiente. Hay que tener en cuenta, sin embargo, que a la hora de ceder derechos no hay que confundir la concesión de licencias con la cesión de derechos de autor. Es decir, si quieres usar un trozo de una canción de otro, esa persona o titular no te cederá los derechos de la canción, sino que te otorgará una licencia. Eso significa que te permite usar y explotar ese trozo bajo una serie de condiciones contractuales, no que te ceda los derechos y por lo tanto puedas hacer lo que quieras de ahora en adelante.

Como te hemos dicho, el simple hecho de crear una obra musical ya te identifica como autor de la misma, no hace falta que la registres en ningún lado para ser el autor de la misma. Ahora bien, eso no significa que estés protegido de cualquier plagio, por eso es muy recomendable que registres tus canciones ante el **Registro de la Propiedad Intelectual.** No es obligatorio porque existen otras maneras de demostrar que una canción es tuya, como por ejemplo enviarte un e-mail a ti mismo con la canción, las letras, la partitura y toda la información de la que dispongas, pero es un salvavidas efectivo, porque es una prueba competente de que dicha canción es tuya. Para registrar tu canción o canciones tienes que rellenar una solicitud ante cualquier Registro Territorial o en alguna oficina delegada y pagar una tasa, que no suele ser muy elevada. Te pedirán el autor de la línea instrumental y la letra, que adjuntes una partitura (hay muchos programas que te la sacan de la misma grabación en MIDI), tu DNI, duración aproximada, género musical y un par de datos más, nada complicado. Con este paso proteges la composición de tu canción, estás diciendo ante un órgano público que esa canción la has escrito tú. Si registras un disco entero esto cambia, porque también tendrás que acreditar el nombre de los artistas o intérpretes que lo ejecutan, la fecha de grabación y el sistema de grabación, entre otra información. Además de este Registro público, tienes que saber que existen registros privados. Hay empresas privadas y servicios de notarios que registran la autoría de una canción, pero lo que te recomendamos, por presupuesto, es que te dirijas a la entidad pública. Lo «malo» es que es casi seguro que el trámite se ejecutará con más lentitud que con una entidad privada. Algo más que debes saber: cualquier persona puede consultar el Registro, ya que es público, así que cualquiera puede ver y saber que una obra en particular te pertenece.

En este momento haremos un inciso para que tengas en cuenta que no pasa lo mismo con tu marca personal, que vendría a ser tu nombre y el logo de tu banda. Esa marca no es considerada «tuya» hasta que la registras, porque es una **Propiedad Industrial** y no Intelectual. La Propiedad Intelectual se dirige a la protección de las creaciones que salen del espíritu, de la mente del creador, en las que queda plasmada la personalidad del autor. La Propiedad Industrial es, por el contrario, la invención de una idea que se puede aplicar después en la industria, reproduciéndose así en serie. La Propiedad Industrial protege diseños industriales, patentes, marcas, nombres comerciales y símbolos, entre otras cosas. Más adelante te enseñaremos a registrar tu marca, de momento solo queremos que sepas que tu logo no lo tienes que registrar en el Registro de la Propiedad Intelectual por mucho que lo hayas inventado tú y haya salido de tu cabeza. Son procedimientos distintos.

> ↪ En España, los derechos de autor permanecen intactos 70 años después de la muerte del autor. Después, respetando la autoría, las obras pasan a ser de dominio público

En España, los derechos de autor permanecen intactos 70 años después de la muerte del autor, menos para los escritores europeos fallecidos antes de 1987, donde los **derechos patrimoniales** del derecho de autor no expiran hasta 80 años después de la muerte del autor. Es decir, actualmente, el día en el que un compositor muere, los derechos de autor sobre sus canciones en España permanecen hasta 70 años más y después pasan a dominio público. A partir de este momento, la obra se puede reproducir, distribuir, traducir o explotar, pero respetando siempre los derechos morales del autor. Estos derechos morales comprenden el reconocimiento de la autoría y la integridad de la misma, el hecho de autorizar o no que la obra sea modificada. Y te estarás preguntando, ¿entonces qué pasa con estos derechos? ¿quién los tiene? Cuando un compositor se muere, lógicamente ya no tiene capacidad para defender su derecho de autor si este se ve comprometido. Los derechos morales no se heredan porque son intransmisibles, el autor de una obra siempre se reconocerá como tal, eso no cambiará nunca. Los derechos patrimoniales sí que se heredan, y será el sucesor, familiar o persona a la que el autor ha confiado sus derechos después de su muerte (dependiendo de la Ley de Sucesiones de cada país) el que decida sobre dichos derechos patrimoniales como es la distribución o la explotación. Cuando esa persona sucesora no existe, los órganos legitimados para ejercer y proteger los derechos patrimoniales son el Estado, las Comunidades Autónomas y otras instituciones. Cuando pasan los 70 años, las obras pasan a dominio público.

¿Cuándo pasan a dominio público? El día 1 de enero de cada año, que es el día señalado para la liberación de los derechos patrimoniales. El dominio público se entiende como un bien de todos, la obra pasa a formar parte de la cultura nacional de un país, representando así una parte importante de la historia cultural. Desde ese momento, podemos versionar la canción sin pedir permiso a nadie ni pagar ninguna licencia. La pregunta que seguramente te surja en este momento es saber qué pasa con tus derechos. ¿No tienes derecho tú a que se te reconozca el trabajo, dado que la canción que versionas ya no es la misma porque de alguna manera tú también has contribuido a esta nueva creación? Tranquilo, porque está todo pensado. Cuando una persona interpreta otra canción, la cambia, porque le aporta un valor añadido, y ahí es cuando aparecen en escena los derechos conexos. Hablemos de ellos.

Los derechos conexos

¿Has escrito una canción pero la ha grabado otra persona porque si cantaras tú llovería de manera torrencial y hasta las aves tendrían que cambiar sus flujos migratorios? No te preocupes, te presentamos los derechos conexos o afines, que son los derechos de las personas que interpretan tus obras y los derechos de aquellas entidades que las reproducen. Esto tiene cierto sentido porque si no existieran, en el momento en el que tú escribes una canción y otro la interpreta, se podría entender que tú tienes absolutamente todos los derechos, ya que la canción la has escrito tú, y la persona que la canta no se comería un rosco, cosa bastante injusta. Lo mismo pasa con el caso de las obras de dominio público que se modifican de alguna manera. Cuando se realiza una traducción, se adapta o se transforma una obra de algún modo, este nuevo trabajo es objeto de la propiedad intelectual, porque es una obra derivada.

Los sujetos de los derechos conexos son los siguientes:

▷ Los artistas que ejecutan una obra
▷ Los productores de la obra sonora
▷ Los productores de las grabaciones audiovisuales
▷ Los fotógrafos, en algunos casos
▷ Algunas producciones editoriales
▷ Las entidades de radiodifusión

Para que te hagas una idea, en un disco se ejercerían o existirían tres tipos de derechos: los derechos de autor, correspondientes a la persona que ha compuesto el instrumental y la letra, en caso de tener; los derechos del músico que tocó la canción y los derechos del sello discográfico, que fue el que produjo el disco. Estos tres derechos coinciden si tú eres el manitas que lo hace todo posible, en cuyo caso no tendrás que negociar con nadie más que tú mismo el día en el que lances tu música a Internet. Los derechos conexos y los de autor son considerados dos tipos diferentes de derechos de propiedad intelectual aquí en España, a diferencia de otros países.

Teniendo en cuenta los derechos morales conexos, los músicos que interpretan otras canciones tienen derecho a que se reconozca su trabajo. No mencionándolos como autores de la canción en sí, sino como autores de la versión. Se pueden oponer a «toda deformación, modificación, mutilación o cualquier atentado sobre su actuación que lesione su prestigio o reputación».[3] Si nos atenemos a las cuestiones prácticas que nos interesan, lo único de lo que te debes preocupar a la hora de publicar canciones que has escrito pero no interpretado es de tener la autorización expresa, siempre, por si acaso, de los músicos intérpretes.

3. *¿Cómo se heredan los derechos de autor?* Sympathy for the Lawyer, 2017
http://sympathyforthelawyer.com/2017/03/22/heredar-derechos-de-autor/

En caso de interpretar tú canciones de otras personas, si esas personas aún disponen de sus derechos patrimoniales deberás pedir permiso. Si versionas una canción de dominio público, simplemente debes mencionar la autoría. Fácil, ¿no?

> ▶ El consejo: Existen muchas webs interesantes que recogen canciones de dominio público. Date un paseo por estas páginas: PublicDomain 4 U *(https://publicdomain4u.com/)*, el proyecto Musopen y Archive *(https://archive.org/)*.

PublicDomain 4 U

Proyecto Musopen

Archive

En la edición de una obra musical hay muchas partes implicadas. Si analizáramos los derechos de autor protegidos en una canción comercial, veríamos que hay muchos, porque cada persona implicada en el proceso, ya sea de composición, como de interpretación como de grabación o manipulación, ha tenido algo que ver en la creación de esta nueva obra, así que todos tienen que tener algo de reconocimiento. Hasta ahora hemos hablado de los derechos del compositor (los conocemos como derechos de autor) y los derechos de los intérpretes. Además, no tenemos que olvidarnos de los derechos conexos en grabaciones o fonogramas, entendiendo estos términos como un registro sonoro en un determinado soporte. Los que producen una canción, los productores de fonogramas, poseen los siguientes derechos:

▷ El derecho a la reproducción bajo cualquier forma

▷ El derecho a autorizar la distribución de los ejemplares del disco

▷ El derecho a la puesta a disposición para el público a través de los dispositivos o medios que se consideren

▷ El derecho a distribuir la grabación al público a través de la venta

Ten en cuenta, y esto es importante entenderlo, que cuando hablamos de los derechos conexos del productor del fonograma nos referimos a la grabación en sí, a los derechos que tiene la discográfica o el productor por haber «hecho» o «producido» la grabación. No es lo mismo que los derechos de autor, que los posee el compositor y que se aplican a la obra, al contenido de la misma, esté como esté grabada. Si algún día firmas un contrato con una discográfica, verás que ellos se llevan un porcentaje de los beneficios porque también tienen derecho, y es que ellos han tenido una implicación en la creación de ese disco. Concretamente, la producción en sí. Las discográficas, también conocidas como productores fonográficos, asumen cierto riesgo, porque asumen un coste elevado a la hora de sufragar lo que cuesta una grabación (que no es poco), el sueldo de los músicos intérpretes, las horas de trabajo y la promoción del disco. Si el disco falla y no tiene éxito, la discográfica asumirá el golpe.

▶ El consejo: Si te interesan los temas legales que conciernen al mundomusical, consulta este artículo de la web Promoción Musical: Cómo vivir de la música: derechos de autor y derechos conexos. *(https://promocionmusical.es/vivir-la-musica-derechos-autor-derechos-conexos/#La_infraccion_del_derecho_de_autor_y_como_impedirla)* Siquieres saber aún más, consulta la web de la OMPI, la OrganizaciónMundial de la Propiedad Intelectual *(https://www.wipo.int/portal/es/)*

Las entidades de gestión colectiva y las editoriales musicales

Si te parecía que ya habías tenido suficiente con los derechos, ahora llegan los titanes, las entidades de gestión colectiva y las editoriales musicales. En realidad, es posible que hasta dentro de unos años y solo cuando tengas cierto éxito no oigas hablar sobre estas entidades, pero más adelante vas a agradecer que te hayamos hablado de ellas. Te conviene saber qué posibilidades tienes para proteger tu música y cobrar lo que te corresponde y saber a qué te enfrentas en esta aventura.

La entidades de gestión colectiva de derechos de propiedad intelectual son organizaciones privadas cuyo principal objetivo es defender los intereses de los autores y los titulares de los derechos conexos que te hemos explicado antes. Estas entidades cobran las regalías por la explotación de tu música y su ámbito de actuación se limita al país donde actúan. Además, tienen que estar autorizadas por el Ministerio de Cultura y Deporte, en el caso de España. La razón de su existencia es la imposibilidad del artista de desplazarse y comprobar de manera presencial cualquier vulneración de sus derechos. Las entidades de gestión colectiva de derechos son tus ojos y tus orejas. Para poder controlar tus derechos más allá de las fronteras españolas, estas entidades establecen acuerdos de colaboración con entidades en otros países, y así se aseguran de cubrir el mayor terreno posible. Es decir, como músico español puedes cobrar regalías cuando tu música se usa en otras partes del mundo. Sus clientes no solo son los músicos, sino también las editoriales, que se pueden hacer socias y representan después a los músicos.

La recaudación de regalías, de la que se encargan estas entidades, viene de los derechos de comunicación pública, de reproducción o la compensación por copia privada, comúnmente conocido como canon. No es obligatorio ser socio de una entidad de gestión colectiva, y mucho menos si estás empezando. Más adelante, cuando seas conocido, casi que te resultará obligatorio para según qué gestiones. La única entidad de gestión colectiva de derechos de autor que existe ahora en España dedicada a los músicos autores, y seguro que has oído hablar de ella, es la Sociedad General de Autores y Editores, la **SGAE**. Además, existe la **AGEDI** (Asociación de Gestión de Derechos Intelectuales, que representa a los productores) y la **AIE** (Artistas Intérpretes o Ejecutantes).

Ten claro que la SGAE no tiene esa función de prueba que tiene el Registro de la Propiedad Intelectual. Es decir, no es una organización que se dedique a autenticar que tu obra es tuya, sino que se dedica a gestionar tus derechos y cobrar las regalías de las que tú te beneficias (y ella también, claro, en un porcentaje, para eso te haces socio y pagas una cuota). La SGAE gestiona el catálogo de composiciones, cuenta con una gran librería y la mayoría de músicos españoles de cierto calibre son socios. Las entidades de gestión no están pensadas para lucrarse, sino para proteger los derechos de un colectivo de manera dedicada. Puedes acudir a ellas como autor, como editorial o como cliente. Los clientes de las entidades de gestión son los bares musicales, las discotecas, los comercios y las tiendas, gimnasios, academias de baile y otros establecimientos que quieran reproducir música.

Para ti, como músico que empiezas, de momento no es necesario que te hagas socio de la SGAE. Sí que tal vez será necesario más adelante cuando tengas que vigilar dónde se reproducen tus canciones y si alguien está haciendo un uso indebido, pero primero es necesario que te conozcan. En años anteriores, resultaba impensable para los músicos que empezaban a conocerse estar fuera de la SGAE, porque era el estándar y la única entidad gestora de los derechos de autor. Además, es difícil hacer valer tus derechos sin este titán detrás, que es lo que pasa con el canon de copia privada. Esta gestión solo se puede realizar a través de una entidad como la SGAE. Sin embargo, hoy en día algunos músicos, pocos, han decidido retirar sus obras del catálogo por diferentes razones, y puede que en años venideros sean más los que decidan salir. Se trata también de una cuestión de principios, ya que hay músicos que opinan que las cuotas son elevadas, entre otras razones.

Si quieres establecer un contrato con un sello discográfico o una editorial, lo normal es que te pidan estar como socio en una entidad colectiva de gestión, aunque puede haber excepciones. Hasta ahora, en España solo existía la SGAE, pero poco a poco, con el paso de los años, iremos viendo aparecer entidades independientes de gestión de derechos como la reciente **UNISON**. Será cosa de esperar y ver las condiciones que prometen, pero siendo la SGAE la única alternativa, no sería de extrañar que poco a poco vayan apareciendo más entidades y que los músicos descontentos acudan a otras alternativas. El día en el que te decidas a unirte a una entidad de gestión colectiva (te lo aconsejamos cuando empieces a ser conocido) deberás preguntar cómo se encarga esta de proteger tus derechos. Y esto, siempre puede ser mucho mejor con un abogado especializado al lado, que sepa de lo que se habla. Piensa que, a menos que te hayas educado en ello, tú no conoces la Ley, y necesitarás tener a alguien al lado que se asegure de representar tus intereses de la mejor manera posible.

Las editoras musicales

Una editora musical es una empresa que gestiona los derechos de reproducción, distribución y comunicación pública de una obra musical. Estos derechos se le ceden mediante un contrato editorial. En el momento en el que firmamos un contrato con una discográfica que nos quiere producir los discos de manera profesional vamos a firmar dos contratos: uno como autor o autores de la canción (el contrato editorial) y uno como artista que interpretará o grabará el disco (contrato discográfico). Las discográficas suelen tener con ellas una editorial asociada, aunque tú también puedes tener relaciones anteriores con una editorial antes de acercarte a la discográfica. Este doble contrato le interesa mucho a las discográficas que lo firmes porque la venta de música grabada por *streaming* y en formato físico ha disminuido mucho. Los sellos discográficos rentabilizan entonces una parte de las pérdidas con las ganancias de lo que cobran de tus derechos de autor a través de la editorial. Sí, has leído bien, a través de las editoriales también se cobran regalías adicionales recolectadas por las editoras. Al final, cuando tu música se conoce y se distribuye satisfactoriamente, puedes cobrar regalías desde varias fuentes:

▷ Regalías provenientes de tus derechos de ejecución pública, que gestiona tu entidad de gestión de derechos de autor.

▷ Regalías adicionales que se recolectan a través de tu editorial.

▷ Derechos llamados «mecánicos» que se generan por reproducción en las plataformas de música en *streaming* como Spotify y páginas de ventas de descarga.

En un contrato de edición le cedemos nuestros derechos de reproducción y distribución a una editorial para que esta lo haga por nosotros. Como autores, cedemos la gestión de estos derechos a cambio de una compensación económica. Después, estas editoriales, en representación de los músicos, ceden estos mismos derechos a las discográficas para que estas puedan grabar nuestra música. Es decir, hasta las discográficas necesitan algún tipo de permiso para grabar tu música. Si te fijas, todo va sobre permisos y sobre control de derechos. Puede resultar complicado, y probablemente la primera vez que hables con un abogado sobre tus derechos como músico acabes llevándote las manos a la cabeza y preguntándote por qué te has metido en un mundo tan complicado, pero lo acabarás entendiendo. Al final se trata de saber qué se puede y qué no se puede hacer, con el consentimiento expreso de quién y a través de qué entidades o empresas. Todo siempre sobre papel, por escrito, para que las dos partes tengan constancia.

En el contrato de edición se estipula el ámbito territorial de esta cesión de derechos, el salario del autor, plazos de publicación, las preferencias sobre la exclusividad de los derechos, etc. En este contrato, como hemos dicho antes, el músico también cede su derecho a la comunicación pública. Eso significa que el editor es también el responsable de autorizar la presentación de dicha obra delante de una audiencia o a través de los medios de comunicación. También gestionaría las relaciones con las plataformas de *streaming*.

> **El consejo:** En las preguntas frecuentes (FAQ) de la página web del Instituto de Derecho de Autor, asociación creada por la SGAE, encontrarás todo lo que necesitas saber para empezar a controlar sobre los derechos de autor. Aquí el link: *http:// www.institutoautor.org/es-ES/SitePages/corp-ayuda.aspx*

El registro de tu nombre artístico y tu logo

¡Pues claro que hay que registrar tu nombre artístico y tu logo! A diferencia de la música, tu nombre y el logo al fin y al cabo son una marca, y las marcas están protegidas por la Propiedad Industrial. Registrar tu nombre es fundamental porque, a diferencia de la música, protegida por los derechos de autor de la Propiedad Intelectual, la marca sí que te la pueden «robar» así que ¡cuidado!. Cuando la hayas registrado, vas a poder usar tu nombre y tu logo en un determinado territorio, que es como funciona la Propiedad Industrial. Por eso, deberías registrar tu nombre en los países donde tengas interés comercial. Dicho registro tiene una duración, hoy en día, de 10 años en España. Empecemos por ahí.

El nombre que uses para representar tu banda o personaje artístico va a acompañarte en tu trayectoria musical y se convertirá en un elemento distintivo al que le cogerás cariño, porque será una parte de ti. Tu nombre refleja tu identidad y te asocia a ella, puede suscitar curiosidad cuando un amigo se lo recomiende a otro y así conseguir que te escuchen. Si es algo en lo que aún no has pensado, te recomendamos que hagas una lista con conceptos e ideas que te vayan surgiendo y que te puedan representar de alguna manera. Si te interesa labrarte una carrera como compositor o solista, siempre puedes usar tu nombre. Aunque al principio pueda parecer difícil encontrar una idea original, bonita y representativa, el nombre siempre acaba saliendo. Siempre. A menudo, cuando menos te lo esperas. Un ejemplo de nombre con historia detrás es el del grupo de música mallorquín Antònia Font. Estos chicos, siempre que se les pregunta por el nombre, cuentan que se lo pusieron en honor a una compañera de la universidad a la que le gustaba mucho la música que hacían. Los chicos le explicaron que les gustaba tener nombre de mujer cuando todos ellos eran hombres. Además, tenía que ser un nombre mallorquín corto. Le pusieron el nombre de ella, en sus palabras, porque «se lo merecía».[4]

---

4. La Antonia Font Real, entrevista ARA Balears. *https://www.ara.cat/premium/ suplements/ara_tu/em-posarien-grup-sentir-afalagada_0_1052294778.html*

> **El consejo:** Ten en cuenta que tu nombre será lo que tu público busque en Internet después de verte en concierto y alucinar con tu música. Asegúrate de cuidar tu nombre en Internet creando cuanto antes tus redes sociales y tu página web, aunque las tengas vacías un tiempo.

Registrar, y con ello, proteger tu nombre artístico te servirá para poder explotar la fama que adquieras a través de él. De esta manera, solo tú puedes usarla para fines comerciales, porque el registro otorga exclusividad, así que nadie más puede usar tu nombre a menos que te pida permiso. Esto te servirá también, más adelante, para poder vender *merchandising*, productos de promoción comercial relacionados con tu música como camisetas, llaveros, pósters, pegatinas, bolsas, y un largo etcétera.

Para registrar el nombre de tu grupo de música, en España por ejemplo debes dirigirte a la **OEPM**, Oficina Española de Patentes y Marcas. Lo bueno es que no tienes por qué ir presencialmente, se puede hacer el registro *online*. Además, en el registro *online* la tasa que tienes que pagar es menor. Cuando empieces a ser conocido sería muy buena idea registrar tu marca porque, como hemos dicho antes, alguien puede hacerlo antes que tú y eso es muy difícil, si no imposible, hacer que se revierta.

Cuando vayas a registrar tu marca en la OEPM asegúrate de que tu logo y tu nombre no se parezcan a ningún otro. Hay abogados a los que puedes acudir para que te hagan un estudio sobre la similitud de tu marca con otras, porque no te interesa tener problemas a la hora de registrarla. También te aconsejamos que, si tienes dinero en un futuro, pases por un especialista en marketing digital para que te aconseje sobre cómo tu logo puede ser más llamativo o más visible cuando unos ojos descuidados pasen por encima de él. Al final, lo que buscamos es llamar la atención a través de nuestros elementos visuales y que así escuchen nuestra música. Cuando hagas el registro verás que existe una serie de grupos, que es la clasificación mediante la que se registran los diferentes tipos de marcas. Para que nos entendamos, un restaurante no registrará la marca bajo la misma «clasificación» que tú, porque tenéis intereses diferentes. Por ello, para registrar una marca para tu grupo o para ti como solista deberás hacerlo bajo la Clase 41, de «Educación, formación, servicios de entretenimiento, actividades deportivas y culturales». Esa clase comprende los «servicios prestados por persona o instituciones para desarrollar las facultades mentales de personas o animales, así como los servicios destinados a divertir o entretener».[5] Además, si te interesara vender *merchandising* lo tendrás que hacer también bajo la Clase 25 de «Prendas de vestir, calzado, artículos de sombrerería». Si tienes dudas, la OEPM cuenta con un servicio de atención al que puedes acudir, aunque siempre es mejor dejarse aconsejar por un profesional del sector.

David contra Goliat

Ahora que ya tienes tus canciones protegidas y debidamente inscritas en el Registro de la Propiedad Intelectual y tu logo y tu nombre en la OEPM, vamos a poner los pies en la tierra por un momento. Tú has seguido todos los pasos que podías seguir para proteger tus canciones, has seguido las indicaciones al pie de la letra e incluso has pagado algunas horas a un abogado para que te asesore. Imaginemos que empiezas a ser conocido y que tienes toda tu música subida a las redes sociales, en varios canales de distribución y que una canción tuya llega a los oídos de alguna persona con muchos más recursos, más renombre y más abogados y años de experiencia a sus espaldas. Esta persona ve tu vídeo de 100 reproducciones en Youtube y decide «componer» una canción muy, muy parecida a la tuya. Tú y tus 80 seguidores os dais cuenta que estás siendo víctima de una injusticia. Que, de alguna manera, tu música ha llegado a los oídos de ese músico, o a los oídos de su productor, su mánager o su amigo y ha salido una canción que se parece a lo que tú has compuesto. ¿Qué puedes hacer? La respuesta es, por muy triste que parezca, nada. No puedes hacer nada.

> Protegerte contra el plagio es casi imposible. Las batallas legales se pueden alargar años en el tiempo y siempre son agotadoras, tanto mental como económicamente

5. Oficina Española de Patentes y Marcas (*http://tramites2.oepm.es/clinmar/inicio.action*) Consultada en febrero de 2019

¿Recuerdas cuando te explicábamos que el Registro de la Propiedad Intelectual es simplemente una prueba de que tu canción es tuya y de que la has registrado tú antes? Pues es simplemente eso, una prueba. Después, si tienes algún problema de presunto plagio, tú eres el que tendrá que contratar y movilizar todo un bufete de abogados para que trabaje por ti. Si el artista vive, por ejemplo, en Florida o Washington, más crudo lo tendrás, porque allí se aplican unas leyes distintas que tú no conoces y para las que definitivamente necesitarás dos o tres abogados detrás, por mucho que hayas intentado evitarlos hasta ahora. Por muy triste que parezca, el juego sucio en el mundo de la música existe, y cualquier persona con más recursos puede plagiarte porque tú, como músico pequeño e independiente que eres, no tienes tanto dinero como él. Por lo tanto, no vas a poder viajar a su país a ponerle una denuncia, no tendrás la misma capacidad de actuación y seguramente los argumentos de sus abogados acaben por decantar la balanza hacia su lado porque es muy, muy difícil demostrar un plagio.

Con esto no te queremos desanimar. Sí, es fácil decirlo después de esta explicación, pero no te desanimes. Todo lo que puedes hacer tú es tener tus canciones grabadas y registradas, poco más. Cuando empiezas tienes pocos recursos, te conocen pocas personas y no tienes aún el apoyo de una audiencia. En ese momento, si eres poco conocido, también es complicado que tu música llegue a artistas conocidos, porque se mueven por ambientes distintos y no es muy normal que lleguen a canales de Youtube, por ejemplo, que no son muy conocidos. Así, en este caso, el hecho de no estar aún en la luz de la fama es un punto a tu favor. Si eres víctima de un plagio, aunque solo te des cuenta tú porque eres el que ha estado trabajando con esa melodía y te la conoces de arriba abajo, todo será mucho más fácil si tienes una audiencia detrás. Lo más complicado sería denunciar al artista y meterte de lleno en un juicio, que puede durar años y resultar agotador. Si esa opción, por razones económicas, no te convence, siempre puedes hacer uso de la fama que tengas y denunciar en tus redes sociales la situación en la que te encuentras. Las consecuencias pueden ser buenas o malas. En estas situaciones, contar con un abogado que te pueda asesorar siempre es la mejor opción.

Esta dosis de realidad te servirá para abrir los ojos ante futuros problemas. Como ya te hemos dicho, no te queremos desanimar. Aunque puedas ser sujeto de plagio, es difícil que te pase algo así. Los músicos famosos que no componen tienen acuerdos con compositores, conocen a mucha gente y les sobran los recursos necesarios para pagar derechos de autor. También, cuanta más fama tengan, serán más precavidos a la hora de cometer alguna injusticia porque se deben a muchas personas. Los fans tienen a veces una visión idealizada de sus artistas. Las empresas publicitarias y las distribuidoras se encargan de que el público objetivo reciba la mejor versión del músico, y podemos aventurarnos a decir que no se arriesgarán, en la mayoría de los casos, a que un simple plagio les arruine la carrera.

Si te interesa este tema puedes buscar información sobre la guerra que tenía Prince contra Internet. De hecho, dejó a sus seguidores atónitos al conseguir que ninguna canción suya pudiera ser encontrada en Youtube. Led Zeppelin huyó durante un tiempo también de Spotify, la banda prefirió que se siguieran los formatos de distribución «habituales». La transición hacia lo digital ha costado a algunos más que otros. Hoy en día, y seguirá así quién sabe hasta cuándo, la discusión principal sobre la libertad que representa Internet enfrenta dos figuras muy polarizadas: los que defienden los derechos de autor y los que defienden la gratuidad de la cultura. Lo que está claro es que el debate sobre lo legal en Internet, pensando más allá de la música, no se acabará dentro de unos años. Quizás pasen décadas hasta que podamos ver acuerdos que convenzan a todo el mundo, cosa bastante complicada de conseguir.

> **El consejo:** Las batallas legales son muy duras. El consejo es que trabajes con humildad, te dirijas a tu público con humildad y hagas música con humildad. Presenta tus canciones, lucha por tu terreno y sé original, cree en lo que haces. Si algún día tienes un problema legal, consúltalo con un abogado pero no te martirices. Baraja tus opciones, toma una decisión apoyándote en las personas que te quieren y sigue adelante.

Aspectos legales de las versiones y el nuevo sistema de Youtube

Si lo tuyo son las versiones tienes que tener en cuenta los derechos de autor de la persona que creó la canción. Siempre que grabes canciones con derechos de autor y las guardes para ti, para escuchar en tu casa o con tus amigos, no habrá ningún problema. Es decir, siempre que le des un uso privado a tu vídeo. Sin embargo, lo que queremos nosotros es dar a conocer nuestras versiones, hacer que las escuche el máximo de personas posible y que nuestro estilo musical destaque y nos consiga un poco de notoriedad. De hecho, muchos músicos iniciaron su carrera musical interpretando canciones de otras personas para empezar a llegar al público. Hacer versiones es una buena manera de probar distintos estilos y decidir así cuál va más contigo.

En una versión, un músico interpreta una canción que ha escrito otra persona. Legalmente, siguiendo las normas al pie de la letra, para poder hacer una *cover* necesitas el permiso del titular de los derechos de autor sobre la obra, y lo normal será, en la mayoría de los casos, que esos derechos estén en manos de una editora musical. También puede ser que se encuentren en manos de una entidad de gestión colectiva de derechos, según el país. Lo indicado siempre es que pidas permiso. Si no lo haces, es posible que tengas problemas y que tus vídeos sean denunciados allí donde los cuelgues. De todas formas, obtener una autorización no es gratis. El artista te deja modificar su obra y grabar una obra derivada de la misma a cambio de una cantidad de dinero que se especificaría en un contrato. Ese pago se puede hacer comprando una licencia o cediendo al autor parte de las regalías que recibas de tu canción. En todo caso, la autoría original siempre tiene que reconocerse, y el permiso siempre tiene que pedirse. Para poder entender de manera fácil cómo subir una *cover* a Internet y cómo grabarlas y distribuirlas sin tener problemas legales, fíjate en este diagrama:

Para colgar una canción en cualquier tienda *online* como puede ser iTunes, o en Youtube, necesitas disponer de una licencia mecánica. ¿Qué es una **licencia de reproducción mecánica?** Se trata de un permiso para reproducir y distribuir una composición musical. Estas licencias se pueden comprar en plataformas de distribución, que ya las veremos más adelante. Con esta licencia mecánica tú podrás grabar una versión tuya en audio y solo en audio y venderla, no sin antes acordar un pago de regalías. Es decir, de las ventas que tú tengas, una parte irá al creador de la canción original. Normalmente se te pide que especifiques cuántas licencias quieres (en base a la cantidad de compras que preveas), dónde las vas a distribuir y en definitiva, qué harás con ellas. Información básica que la entidad que gestione los derechos originales necesita para controlar el uso que haces. Y eso es todo. Si, en cambio, quieres grabar una *cover* y además grabarte a ti tocándola, la licencia mecánica no te va a servir. Lo que necesitas es una **licencia de sincronización,** que es el permiso para grabar en audio una pieza que está protegida por derechos de autor y además sincronizarla con imágenes, derecho que probablemente tenga también la editora. Con una licencia de sincronización puedes cantar una canción de otra persona junto a imágenes tuyas. ¿Es muy difícil obtener estas licencias? Algunas, sí. Es posible que tengas problemas para contactar con el poseedor de los derechos de autor. En este punto, tienes que tener en cuenta que es posible que te pidan una suma desorbitada solo para impedirte que grabes su canción, porque realmente no quieren que lo hagas. También puede pasar que sean razonables y pidan una suma de dinero asumible para obtener la licencia. En estos momentos seguro que te surge una duda. En Youtube, ¿todas las *covers* subidas cuentan con el debido permiso? ¿De verdad todos los músicos piden las licencias que toca cada vez que suben una canción? No. Entonces, ¿por qué siguen ahí? Buena pregunta. Vamos a intentar contestarla de forma fácil y sencilla.

En Youtube se almacena una millonada de canciones. Niños, adultos, ancianos, todos pueden subir una canción sin mayor dificultad que la de saber manejar la herramienta de subida de la web, que no tiene más misterio que seleccionar un archivo y subirlo con algunas etiquetas y bajo una clasificación. La mayoría de estas personas no preguntan por los derechos de autor porque, simplemente, se la juegan. Para controlar el uso que se hace de la música con derechos de autor y también para facilitar el trabajo a los que quieres usarla, Youtube ha creado una herramienta que... a veces penaliza y a veces no. En la plataforma, si nos dirigimos a la sección *Creator Studio*, encontraremos la política de privacidad de la música, *Music Policies*. Se encuentra en este link:

https://www.youtube.com/music_policies.

En *Music Policies* podrás encontrar una librería de canciones para las que existe una regulación de sus derechos de autor en Youtube. Las reglas están claras y la plataforma te explica en esta sección cómo puedes usar la música en tus vídeos y qué pasara si lo haces de una determinada manera. Este es un ejemplo de búsqueda de la canción «I Want To Break Free»:

Aquí es donde entra el sistema *Content ID* de Youtube, que trabaja para identificar contenido en el portal y compararlo con una base de datos de archivos enviados por los propietarios del contenido original. De esa manera, Youtube contrasta la música de tu vídeo con su base de datos y reconoce o no la canción. La propia plataforma lo describe como un *software* que compara «huellas digitales» de un audio o un vídeo cedidos por los autores con contenido con las mismas huellas, consiguiendo así identificar vulneraciones de derechos de autor. Comprobado esto, aplica la voluntad de los propietarios originales, que son los que deciden qué pasa en caso de que alguien use o versione su canción.

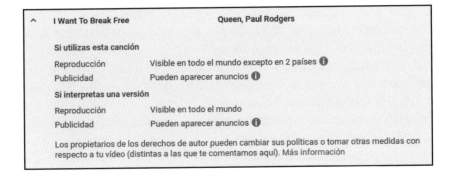

Esto es una revolución, porque, de alguna manera, se ofrece una alternativa a los gestores de derechos más allá de querer denunciar y quitar de manera inmediata las creaciones de los demás. Ahora, Youtube le da la opción a los autores de monetizar los vídeos que tienen versiones. Cuando esto ocurre, ganan las dos partes. Tú puedes seguir manteniendo tu *cover* en la plataforma y el propietario de los derechos de autor gana una pequeña cantidad con tu vídeo a través de los anuncios. En el caso de la canción de Queen y Paul Rodgers, versionar esta canción es posible, y no hay restricción de países. Por eso en la imagen dice «Visible en todo el mundo» bajo el apartado de «reproducción», «si interpretas una versión». Si te fijas, más abajo, en letra pequeña, Youtube te avisa de que «los propietarios de los derechos de autor pueden cambiar sus políticas o tomar medidas con respecto a tu vídeo». Y ahí, amigo mío, es donde está la trampa. Por mucho que hayas seguido las indicaciones al pie de la letra, por mucho que hayas intentado hacer las cosas bien, puede que tu *cover* sea tumbada por los propietarios de derechos. Y ahí es donde deberás negociar con Youtube aportando pruebas de que tú tienes una licencia y de que puedes usar un determinado contenido. Algunos youtubers se han pasado años negociando para acabar con las restricciones a sus vídeos. Y otros, sin ningún tipo de licencia o permiso, siguen con sus versiones en la plataforma sin ningún problema.

Esto tiene una explicación, y es que de una canción determinada puede que haya millones de versiones en Youtube. Hemos dicho que el *software* de *Content ID* trabaja con comparaciones, y teniendo en cuenta que las *covers* nunca suenan como la canción original, es imposible que el sistema te lo detecte. Así que no será por el *Content ID* que recibirás una denuncia. Tu vídeo solo recibirá algún tipo de penalización si la entidad que posee los derechos de autor te interpone una denuncia. Y eso, multiplicado por muchos millones, es mucho trabajo. Ni las discográficas ni las editoras ni los autores pierden tiempo con ello. Además, a nivel de relación con el público, sería nefasto que la discográfica en cuestión fuera conocida por realizar la mayor escabechina en el mundo digital. Corre el rumor de que hay artistas que tienen personas contratadas para que denuncien los vídeos nuevos que salen versionando sus canciones, porque no quieren ni un solo contenido que no sea el suyo en la plataforma. Simplemente con una alerta en el navegador se puede recibir una notificación sobre la subida de un vídeo con un determinado título. Si en algún momento tu vídeo es denunciado, tanto si es una *cover* de 30 segundos como de siete minutos, puedes recibir un *strike* o falta y eso puede suponer que te quiten el vídeo de la Red. Si recibes tres faltas en 90 días te cierran la cuenta.

El resumen de todo este lío es que si tienes que grabar tu propia música en Youtube te asegures de, al menos, tenerla registrada. Compártela en redes sociales, crea una huella digital que pueda demostrar que tú la subiste un día determinado a una hora determinada. Cúbrete las espaldas lo mejor que puedas. Si algún día tienes problemas, consulta un abogado especializado en propiedad intelectual. Si grabas versiones, asegúrate de contar con las licencias que te corresponden para no caer en malentendidos ni trampas legales. Usa Youtube con cabeza y si quieres tentar a la suerte, allá tú. Si subes una versión sin ningún tipo de licencia es totalmente ilegal y posible que te la quiten.

El conocimiento compartido

Ya te habrás dado cuenta de que Internet no está preparado aún para filtrar de manera adecuada el contenido que pasa por sus canales comunicativos. No existe aún un *software* lo suficientemente potente para entender las diferencias entre un vídeo y otro o una canción y otra aplicando criterios racionales. Internet está pensado ahora para que (casi) todo se pueda compartir y eso, teniendo en cuenta la protección de los derechos de autor, sobre todo de las grandes multinacionales, genera un conflicto. Genera una serie de dificultades tanto para las empresas como las plataformas y los usuarios. Directivas europeas ya han intentado cambiar Internet como lo conocemos ahora, con la presión de estas grandes multinacionales detrás mientras los usuarios intentan subir contenido sin infringir ninguna ley. El campo de batalla es el que es y el conflicto está servido. La gestión de los derechos de autor en entornos digitales dará lugar a un debate público en el que no solo entrarán los intereses de aquellos que quieren proteger sus derechos, sino la libertad de todos y cada uno de los habitantes de la Red, que verán mermadas sus capacidades a la hora de compartir contenidos. Son muchos los gobiernos y las comunidades que están intentando llegar a un acuerdo y legislar en esta materia, pero las leyes y las directivas acaban topando con la sociedad, que ya está acostumbrada a poder acceder a cualquier contenido desde la Red. Los diccionarios y los libros de cocina ya no existen en el primer mundo, tan solo existe el conocimiento compartido a través de una pantalla y una conexión. Los que abogan por proteger los derechos de autor razonan que las cosas perderán valor, que el proceso creativo quedará en la nada. También son las que tienen los mayores intereses económicos. Los que apuestan por el conocimiento libre se oponen a estas regulaciones argumentando el derecho al libre desarrollo, tanto cultural como social, de todas las personas. El beneficio económico y proteccionista contra el beneficio cultural y de la libertad sin ataduras. Veremos hacia qué lado de la balanza se decanta el futuro.

7

DISTRIBUCIÓN

CÓMO LLEGAR A UN PÚBLICO QUE YA ESTÁ AHÍ

Youtube, Spotify, iTunes, Amazon Music, Deezer y los gigantes de la distribución en Internet

➲ Compartir nuestra música en el mundo digital de manera inteligente nos ayudará a darnos a conocer creando una comunidad en línea y generando debate a nuestro alrededor

Ha llegado el momento de la verdad, el momento para el que hemos estado trabajando los últimos meses. Es hora de aprender cómo funcionan las plataformas de distribución *online* y cómo hacer llegar nuestra música a través de ellas a la mayoría de personas posible. Internet se presenta ante nosotros en estos momentos como una oportunidad de oro para construirnos un perfil digital que podrá ser recomendado y enviado entre amigos y conocidos. Ese será nuestro principal objetivo: que alguien nos conozca para poder tener la oportunidad de gustarle y que acabe enviando nuestra música a sus amigos, familiares, conocidos, pareja, la vecina del quinto y al bar de la esquina. A partir de una red mínima de contacto estableceremos una red más amplia con la que intentaremos generar una comunidad de seguidores o *followers* que comenten nuestras redes sociales, nos recomienden a los demás, asistan a nuestros conciertos y nos acaben comprando un disco o maqueta.

Hoy en día ya no hace falta acudir a una tienda física para efectuar una compra. Ya no hace falta ir presencialmente a la biblioteca para leer un libro, o acudir a una tienda de discos para escuchar a nuestro artista favorito. Todo está en Internet. Todo. Y si aún no está, alguien lo subirá mañana. Y no solo las cosas, los objetos, las ideas, sino también las personas. Todos nuestros amigos, toda nuestra red de contactos se encuentra en algún lugar de la Red. Estas personas tienen otros amigos, y estos a su vez tienen más contactos. Quien más y quien menos tiene un perfil en alguna red social o usa alguna de las plataformas como Spotify, Amazon o Youtube. Raro es saber que alguno de nuestros conocidos no tiene una red social, no consume música o no realiza compras por Internet. Cada vez es más difícil desmarcarse del mundo digital. Poco a poco, la Red se va metiendo hasta en nuestra casa. Las lavadoras tienen wifi, las persianas se abren con wifi, las lámparas se encienden si tú se lo ordenas porque hay un aparato en tu casa (adivina, con wifi) que usa el reconocimiento de voz. Esta interconexión de los objetos cotidianos se conoce como el Internet de las cosas, y constituye tan solo una prueba más de que nuestro día a día, hasta poner una lavadora, se podrá (o se deberá, ya veremos) hacer a través de Internet. Lo mismo pasa con las compras. Muchas son las *start ups* que prefieren mantener tan solo una página web, y no un negocio físico. El ahorro que supone tenerlo todo en un servidor, sin pagar un alquiler y todo lo que una tienda física conlleva es una oportunidad que no se puede dejar pasar. Además, ayuda a las personas que empiezan en cualquier negocio a tantear el terreno, a ver si su producto gusta o no, sin tener que lanzarse con los ojos cerrados a abrir un negocio en una ciudad determinada y ver cómo le va.

En Internet no hay tiendas que cerrar. No hay contratos de alquiler que negociar, no hay ataduras. Con un simple blog, como te hemos enseñado en el capítulo de los elementos gráficos, podemos llegar a casi cualquier lugar del mundo y conectar con una determinada audiencia. Nosotros, como músicos, vamos a aprovechar esta característica de Internet al máximo. No nos vamos a gastar mucho dinero en sacar un disco profesional sin ni siquiera saber si va a funcionar. Eso lo haremos cuando tengamos asentada ya una determinada audiencia, cuando sepamos con certeza que contamos con fans, con un público que rentabilizará lo que nos gastemos en publicar ese CD. De momento estamos empezando, así que vamos a aprender a distribuir nuestra música de la manera más fácil posible y al menor coste. No pienses que sustituiremos la distribución física, claro que no. En el capítulo 9 hablaremos sobre cómo no hay que descuidar el mundo real, por muchas ventajas que tenga Internet. Al fin y al cabo, por muy Internet de las cosas que se nos venga encima, seguiremos necesitando pisar la calle como se hacía antaño para promocionar nuestra música y para algo mucho más importante: para tocarla. Lo que sí vamos a trabajar en este capítulo es a gestionar la accesibilidad y la rentabilidad que nos ofrece la Red para que nos escuchen en nuestro barrio, en nuestro pueblo o ciudad, en otros centros escolares y en otras comunidades autónomas, hasta llegar a otros países.

> Compartir tus creaciones con los demás se convertirá en una de las mayores satisfacciones, porque verás el resultado de todo tu esfuerzo de los últimos meses

Distribuir tu música digitalmente significa compartirla, ponerla al alcance de otras personas al otro lado de un dispositivo. Para hacerlo de forma satisfactoria y que tu esfuerzo no quede en saco roto, sería lógico acercarnos allí donde se consume la música, ¿verdad? Es muy lógico, pero a veces el sentido común es el menos común de todos los sentidos. La música, hoy en día, se consume en Youtube, Spotify, iTunes. En Youtube se cuelgan vídeos y se exhibe el talento en formato audiovisual. Los usuarios dejan comentarios y el artista responde. Se crea un vínculo, una comunidad. En Spotify, la música se descubre a través de artistas relacionados. La música se organiza a través de listas de reproducción en las que los artistas aspiran estar porque esa es una de las maneras de que te conozcan. Por sorpresa, apareciendo en alguna lista de reproducción titulada «domingos de peli y manta» o «lunes con energía». Todas las plataformas digitales tienen su qué y todas evolucionan según se desarrolla la tecnología o según demanda la sociedad. Teniendo en cuenta la velocidad con la que se presentan los cambios tecnológicos, sería de ingenuos no avanzar a la vez que lo hacen las distribuidoras y las plataformas musicales. ¿Por qué te digo esto? Porque en este capítulo te voy a recomendar una serie de plataformas y te voy a hablar de las agregadoras digitales, mediante las cuales un artista consigue que su música se escuche en cualquier distribuidora digital. Pero es posible que el mes que viene, los años venideros, las tecnologías den un giro de 180 grados.

Antes de ponerte a distribuir música tienes que tener muy claro que este es un mundo en constante evolución. Si quieres que las cosas funcionen deberás dedicar un par de minutos a la semana, como mínimo, a leer e informarte sobre tecnología, a saber por dónde van los tiros con las normativas europeas sobre *copyright*, las novedades en las versiones *beta* de los nuevos distribuidores y los avances, en general, en el campo de la distribución digital y todo lo que tenga que ver con la relación de la música con Internet. A partir de este momento tienes que convertirte en un experto en la materia. Solo de esta manera podrás enterarte de los cambios en el panorama y decidir sobre ellos adelantándote incluso a los acontecimientos. Esto no se trata ya sobre tutoriales. Esto se trata de tener un ojo puesto en alguna revista tecnológica y/o musical de tu ciudad o digital y aprender cada día un poco más sobre nuevos modelos de negocio y de distribución. De momento, nosotros comentaremos lo básico, aquello que necesitas saber antes de presentarte ante tu público.

Los agregadores

El mundo de los agregadores digitales es algo convulso, porque cambia según la demanda, según la legalidad, según lo que hace la competencia y según cómo se comporten las distribuidoras digitales con las que trabajan. Para meternos de lleno en el asunto, entendamos primero la diferencia entre los agregadores digitales y las plataformas de distribución, puesto que vamos a hablar de ellos largo y tendido en este capítulo.

Los agregadores digitales son plataformas en las que, principalmente, puedes hacer dos cosas: comprar licencias mecánicas y enviar tu música a una distribuidora digital como puede ser Spotify, iTunes o Amazon Music. Si haces versiones, definitivamente necesitas acercarte a un agregador digital para comprar la licencia mecánica de la que hemos hablado en el capítulo de cuestiones legales. Si no haces versiones, necesitarás igualmente establecer una relación con un agregador digital, puesto que, de momento, solo a través de ellos (y a través de una discográfica) podrás colocar tu música en plataformas distribuidoras. Sí, exacto. Tú, como artista, no puedes subir tu propia música ni a Spotify ni a iTunes. Esto, dentro de muy poco tiempo, dará un giro de 180 grados. Spotify ya está trabajando, por ejemplo, en una versión *beta* (esto quiere decir, de prueba) para que sean los propios artistas los que nutran la distribuidora digital. Esto significaría que los músicos pasarían a tener el control sobre su música. En un comunicado, Spotify reveló que esta versión ofrecería al músico un espacio sencillo y transparente en el que poder comprobar cómo iban las regalías y la deriva de futuros ingresos. Si esto continúa en esta línea, las agregadoras tendrán que buscar otra manera de subsistir, porque actualmente, se quedan con una parte de las regalías que generan las canciones. Este es el motivo por el que te recomiendo encarecidamente estar al tanto de las novedades de la música en el mundo digital, porque es posible que adquieras un Plan Premium en una agregadora digital mientras Spotify abre su versión *beta* la semana que viene. Estate atento e infórmate. No pagues de más.

Este cambio de paradigma también podría suponer que plataformas como Soundcloud y Bandcamp, que hasta ahora eran gratuitas para los músicos en lo que a subir música se refiere, desaparezcan. Si Spotify se liberaliza, resultaría casi irónico que tanto las plataformas gratuitas (Soundcloud y Bandcamp) como las agregadoras de pago (CdBaby, TuneCore) desaparezcan. Los agregadores son también conocidas como «distribuidoras digitales» porque en el fondo lo que hacen es efectivamente distribuir tu música en plataformas digitales. Para diferenciar dichas plataformas de los servicios de distribución como CdBaby o TuneCore, a estos últimos les seguiremos llamando agregadores en este capítulo.

Estos son algunos de los agregadores más famosos del mercado actual: **OneRpm, Soundrop, ReverbNation, CdBaby, Symphonic, DistroKid, Awal, LandR, FreshTunes, TuneCore, HorusMusic, BeatPort, TraxSource, Pono, Gube Music** y **RouteNote**. Algunos son más conocidos que otros por sus precios competitivos y su manera de gestionar los *royalties* que genera tu música, pero este panorama puede cambiar rápidamente. También por este motivo es muy conveniente que te informes bien y que compares precios y servicios antes de decidirte por uno o por otro. Los agregadores digitales han facilitado mucho la vida a los grupos y artistas independientes que, de momento, no han podido o no han querido firmar con una discográfica o una tercera entidad que les ayude a gestionar su distribución, básicamente por el elevado coste que este servicio supone. Ten en cuenta de todas formas que un agregador digital no te paga un adelanto a la hora de grabar como lo haría una discográfica. No te graban las canciones como lo hace una discográfica, no negocian la promoción de tus canciones en los medios de comunicación ni trabajan con publicistas para ayudarte a difundir tu música. Exigen normalmente el control exclusivo de tu música en plataformas digitales durante un determinado tiempo y no te ayudan a sacar CD físicos al mercado. Eso ya lo hacen las discográficas, que también contratan los servicios de los agregadores para mover sus discos por Internet.

Con los agregadores estás obligado a pagar una suscripción mediante la que tú estableces un contrato con dicho agregador. Ellos distribuyen tu música en las plataformas con las que ellos tienen relación y tú les cedes parte de los *royalties* que tus canciones generen. Esos *royalties* se generan por ejemplo a base de compras y de publicidad. Puedes pagar por álbum o por canción, opciones que se adaptan al número de composiciones que tengas y a la manera de agruparlas que escojas. Al final, con todas estas condiciones, parece que trabajes tú para ellos, y esa es una de las principales críticas que la comunidad musical enarbola frente a estas empresas. Algunas son mucho más restrictivas que otras, por eso es importante que te informes y que realices comparativas cada poco tiempo.

> ⮑ Compara siempre las condiciones de todos los agregadores y léete bien la letra pequeña: es importante saber qué requisitos estamos aceptando

Los agregadores en los que no tienes que efectuar un pago por subir tu álbum o tu canción normalmente te piden una parte de las regalías que generes con tu música. Las que no se quedan con ningún porcenta-

je de las ventas te piden que pagues una cantidad por subir tus canciones. Con la mayoría de ellas tendrás acceso a Spotify, Apple Music,
Amazon Music y Google Play, pero las condiciones varían de unas a
otras. Algunas, como ReverbNation, en su Plan Premium, te ofrecen
hasta un dominio gratis para que puedas crear una página web. Puedes
escoger un día determinado para lanzar tu música, por si quieres hacerlo coincidir con algún día especial o hacer algún tipo publicación de
cuenta atrás para tus seguidores en las redes sociales, algo que funciona
muy bien en las historias de Instagram. Todo es buscar opciones y comprobar cuál se adapta más a nuestras necesidades. Con las agregadoras
de contenido tendrás que tener paciencia porque los resultados tardan
en notarse. Cuando puedas ver tu música subida de forma satisfactoria
a Spotify y otras plataformas, no dudes en incluir algún tipo de botón o
acceso directo (o incluso, una *playlist*) en tu página web y en tus redes
sociales, para llegar al máximo de personas posibles. Y aun así, no olvides las plataformas gratuitas como Youtube y aprovéchate de su alcance.

Para distribuir tu música de forma eficaz, si tienes un CD o un par
de canciones asegúrate de lanzar primero un *single*. Los agregadores te
dejan hacerlo antes de subir un álbum completo a la Red. Usa, ante
todo, las redes sociales para crear expectativas entre tus seguidores. El
día de la gran inauguración de tu *single* asegúrate de no subirlo a las tres
de la mañana, súbelo si puedes en fin de semana sobre las 12 del me-
diodía, o realiza antes un estudio para averiguar cuándo tus seguidores
comentan más en tus redes. Si aún no tienes redes sociales es necesario
crearlas y comenzar a emitir contenido de calidad antes de subir tus
canciones, porque si las subes así sin más, sin que nadie te conozca, es
muy difícil que alguien se las escuche, porque aparecerán sin contexto.
Primero es muy importante que te crees una imagen sólida con tu página web, tus redes sociales, y que seas activo en Internet. Haz también
publicidad por tu barrio (sí, ¡el mundo *offline* también existe!) con carteles o acercándote a las radios locales y el resto de medios de comunicación. De esto hablaremos en el capítulo 9, de momento ahora tan solo
asegúrate de comparar los precios de los agregadores y de encontrar el
que más se adapta a tus necesidades. ¿Que te gustaría prescindir de
ellos porque no quieres o no puedes gastar un céntimo más? Usa Youtube, Bandcamp y Soundcloud. Serán tus principales aliados. No tienes

que pagar nada, pero todo el trabajo de publicidad lo tendrás que hacer tú. Si consideras que tienes amigos y seguidores suficientes, comienza a cubrir tu barrio para después cubrir la ciudad y así hasta llegar a otros rincones de tu comunidad autónoma y del país. Al final, que tu música se conozca o no, depende del alcance que tú y tus amigos y familiares tengáis. Tus vídeos de Youtube pueden monetizarse y a partir de ahí y de ofrecer conciertos y ahorrar un poco, te podrás permitir un agregador que te ayude a ser un poco más conocido. La distribución en redes sociales también la puedes hacer a través de los grupos de Facebook. Seguro que en tu barrio o distrito hay muchos grupos de música en esta red social para compartir gustos, fotos de conciertos o canciones propias. A veces estos grupos no funcionan porque se acaban convirtiendo en un pozo sin fondo en el que cada uno cuelga el vídeo que le interesa y nadie acaba por mirarse nada. Si tú eres activo y te esfuerzas comentando los vídeos y las aportaciones de los demás, cuando tú subas tu canción te harán más caso que si no te conocen. Tienes que labrarte tu camino, y poco a poco verás resultados.

Esto es lo que tienes que tener en cuenta cuando compares los servicios de los agregadores:

▷ **La comisión.** Ya hemos dicho que los que no te cobran comisión ganarán dinero por otro lado, como por ejemplo, una suscripción o pago anual.

▷ **Costes por pista o CD.** Si tienes muchas canciones tal vez te interesará pagar por una suscripción que te permita distribuir una cantidad infinita de canciones. Si solo tienes una, te convendrá más una forma de pago que sea por canción o tema subido.

▷ **Las tiendas que cubren.** La mayoría de distribuidores cubren la mayoría de tiendas importantes, como Apple Music, Spotify, Deezer, Amazon Music, Google Play, Shazam, Napster... Asimismo, lee la letra pequeña e infórmate bien.

▷ **El soporte técnico.** Puede ayudarte a tomar una decisión el hecho de saber que uno de los agregadores que sopesas tiene la mejor puntuación en atención al cliente. Cuando tengas un problema, te ayudarán.

▷ **Recepción de pagos o *regalías*.** La mayoría tarda unos meses en abonarte lo que has ganado. Debes saber cuánto y cuándo cobrarás tus *royalties*.

▷ **Códigos ISRC** (International Standard Recording Code) y UPC (Universal Product Code). El ISRC es un código internacional que identifica tu canción en Internet. El UPC es un código de barras, te permite seguir las ventas digitales. Algunos agregadores los proporcionan gratis.

▶ **El consejo:** Si quieres saber más sobre los agregadores digitales, echa un vistazo a la comparativa de Promoción Musical. Cuenta con un cuadro comparativo y observaciones de cada uno de los agregadores: *https://promocionmusical. es/guia-distribucion-digital-musica-vende-en-itunes-cdbaby-tunecore-y-mucho-mas/#Tu_solo*

El ejemplo de DistroKid

Para que veas de manera visual cómo funcionan los agregadores, te enseño aquí las opciones que te da el agregador Distrokid en su página de Inicio:

Musician
$19.99/yr
1 artist or band name

CONTINUE

Upload **unlimited** songs
Upload unlimited lyrics
Spotify verified checkmark
1 artist or band

Musician Plus
$35.99/yr
2 artist or band names
save 10%

CONTINUE

Upload **unlimited** songs
Spotify verified checkmark
Upload unlimited lyrics
Daily sales stats
Customizable label name
Customizable release date
Customizable preorder date
Customizable iTunes pricing
2 artists or bands

Label
$79.99/yr
5+ artist & band names
save up to 40%

SEE PLANS

Upload **unlimited** songs
Spotify verified checkmark
Upload unlimited lyrics
Daily sales stats
Customizable label name
Customizable release date
Customizable preorder date
Customizable iTunes pricing
5 to 100 artists or bands

DistroKid te ofrece la posibilidad de contratar la tarifa Musician si eres un músico en solitario o un grupo. Esta tarifa solo contempla un nombre, una persona o grupo. Con las demás tarifas podrías lanzar la música de tu grupo y también tu música en solitario, todo en un mismo pack. De momento, vamos a tener en cuenta la tarifa Musician, pensando que eres un artista solo con un mismo proyecto bajo un mismo nombre. Esta tarifa te permite, pagando una pequeña cantidad, subir una cantidad ilimitada de canciones con su cantidad ilimitada de letras para que los que te escuchen puedan comprobarlas y saber bien qué dices. Además te aseguran que tu perfil en Spotify recibirá la marca de verificación de artista, que te reconoce la veracidad del perfil. Además de Spotify, también podrás subir tus canciones a iTunes y a un par de plataformas más, para las que DistroKid no se queda ningún tipo de *regalía* o comisión. Y este es todo el secreto de esta agregadora, que es la que hoy en día usa el youtuber y músico Jaime Altozano.

La opción única de Musician sale muy a cuenta por tan solo 20€ o 23€ al año. El precio es muy asequible y lo que generes por descarga o escucha en las plataformas de *streaming* va a tu cuenta bancaria. Una de las ventajas más potentes de DistroKid, si consideras usarlo como plataforma para distribuir tu música, es que no te piden exclusividad. Mientras otras plataformas más famosas sí que lo hacen, en DistroKid no te pondrán pegas si decides tener una relación abierta y probar, al mismo tiempo, otros agregadores. Sin embargo, aunque él no te lo pida, es posible que otros sí, así que el problema persiste, porque si te gusta otra plataforma que te pide exclusividad, te verás obligado a dejar los servicios de DistroKid. Este agregador es uno de los más sencillos de usar y de entender, por lo que te recomiendo que lo consideres. Cuando te decidas a usar un agregador digital, considera todas las opciones pero quédate con el que más sencillez y confianza te transmita. Surfea por canales de Youtube de músicos que ya hayan pasado por esto y escucha sus recomendaciones. Cuanto más actualizada en el tiempo esté la información, mucho mejor. Otro consejo: la letra pequeña. Esta es la de CdBaby: *https://es.cdbaby.com/membercontract.aspx.*

Asegúrate de leer cada una de las cláusulas del contrato virtual que estarás firmando para no tener sorpresas. Por mucho que en la página principal de un agregador te digan que no cobran de tus *royalties,* asegúrate de leer lo mismo en las condiciones del contrato. El asterisco pequeñito que has pasado por alto puede acabar en dolores de cabeza innecesarios. Otra de las formas de lanzar tu música al mercado puede ser también a través de una discográfica. Estas trabajan también con agregadores. Si estás decidido a gastarte un poco más de dinero, consulta con alguna discográfica pequeña o independiente, investiga su trabajo. Las independientes muchas veces trabajan con músicos según su estilo musical, porque se especializan en uno en concreto. Será muy difícil que, empezando de cero, la Warner o Sony te hagan caso, así que empieza acercándote a una pequeña. Después, si te decides, con más experiencia a tus espaldas, puedes probar a acercarte a ellas.

8

PLATAFORMAS DE TRABAJO COLABORATIVO

CUANDO LA RED FACILITA EL TRABAJO EN COMÚN

Dónde puedo encontrar más músicos y conseguir colaboraciones que sumen

⮩ En Internet hay más músicos que buscan lo mismo que tú y personas que buscan financiar proyectos como el tuyo. El trabajo colaborativo puede hacerte llegar muy lejos.

Además de las herramientas para producir, gestionar y distribuir música, Internet dispone de una gran comunidad dispuesta a ayudarse entre sí. De hecho, la esencia de Internet es esa: la creación entre muchas personas de espacios de información y aprendizaje al abasto de todo el mundo. ¿Qué mejor manera de utilizar este espacio de colaboración que para lograr objetivos propuestos? Cuando las personas se unen para conseguir un objetivo común, pasan cosas maravillosas. Compartir el conocimiento nos beneficia como personas a nivel individual y colectivo, porque crecemos. Crece nuestra cultura, nuestra sabiduría, cambia nuestra manera de ver las cosas, entendemos que existen más ideas que las nuestras. Y eso no significa necesariamente que uno de los dos esté equivocado, sino que existen diferentes maneras de ver las cosas, diferentes perspectivas. Compartir conocimiento ha sido desde siempre una manera de desarrollarse, de reforzar relaciones, de añadir un propósito a lo que estamos haciendo. Cuando se comparte, uno nunca acaba con las manos vacías, siempre nos llevamos algo de vuelta.

En el mundo de la música, compartir es aún más emocionante. Cuando una melodía trabajada por un grupo de personas ve la luz, florece un sentimiento que nos realiza como artistas. Nos enseña lo capaces que somos de trabajar en sintonía para conseguir algo que solos, tal vez no hubiera sonado de la misma manera. Esto pasa mucho en las *jam sessions*, cuando unos cuantos músicos quedan para tocar en un bar o en un local de ensayo. Uno empieza una melodía, el otro la sigue, la batería se une y de repente, sin esperarlo, nace una canción. Es un proceso muy sencillo que esconde una de las esencias de la música: el hecho de hacerla no solo para ti, sino para los demás. En este capítulo hablaremos de la cooperación en Internet para músicos desde dos vertientes: el micromecenazgo o *crowdfuding* y el trabajo participativo entre artistas. ¡Comencemos!

Conoce otros músicos

Si estás solo en esta aventura o creéis que como grupo podríais añadir un poco más de vida a vuestras canciones, es hora de conocer la colaboración *online* entre músicos. Redes sociales, plataformas, *apps*... Internet está repleto de herramientas eficaces para que los músicos se encuentren entre ellos y elaboren, juntos, piezas musicales. Lo más fácil para establecer colaboraciones es quedar *in situ* con personas que hayamos conocido a través de algún grupo de Facebook local o comarcal, que sirva para poner en contacto a músicos de distintas partes de la comunidad. Sin embargo, ¿qué pasa con aquellos artistas que viven a miles de kilómetros de nosotros? La tecnología resuelve, una vez más, el problema de la distancia.

Crear música cooperativa en remoto puede representar un gran paso en tu carrera musical. Tanto si estás empezando como si ya te has labrado un pequeño nombre en Internet, la colaboración puede servirte para ampliar fronteras. En el mundo hay muchos músicos que, igual que tú, buscan compartir su música con la gente que quiera escucharle. Para ello, intentan mejorar día sí y día también para sorprender a su audiencia y no quedarse estancados. De hecho, ya habrás escuchado el dicho «renovarse o morir». Para muchos músicos, esa frase ha sido cierta, y es que en el mundo de la cultura, y más en la música, la rutina puede llegar a cansar muy rápidamente. Los músicos están obligados, ya sea por la rapidez con la que se mueve todo o por la cantidad de ofertas que hay, a renovarse continuamente, a buscar nuevos estilos, a traspasar líneas. El trabajo colaborativo, entonces, puede servirte para dos cosas muy importantes:

❑ Expandir tus fronteras, ampliar tu audiencia
❑ Mejorar y avanzar en tu carrera musical

Si vives en una ciudad en la que ya has realizado muchos conciertos, tus redes sociales funcionan, has tocado en numerosos bares y te sientes estancado, el trabajo colaborativo puede ser tu nueva chispa. Puede representar la novedad que aporte luz a tu música, a tu canal de Youtube, a tu personaje como artista. Si tu audiencia es local, la recomendación es que te alíes con un músico que viva lejos de ti, pero tampoco mucho. Si vives en España, una colaboración con una persona de las antípodas puede ser muy bonita y acabar en una pieza musical sin igual que os catapulte a la fama, pero normalmente no es así. Lo que buscamos es ampliar fronteras y que nos conozcan más allá, pero antes de empezar por las antípodas ¿qué tal si empezamos por algún lugar más cercano? Encontrar músicos de tu misma comunidad te ayudará a establecer una red de contactos que más adelante te podrán servir de apoyo para muchas iniciativas, como por ejemplo, organizar un concierto colectivo entre artistas del mismo género musical.

Para encontrar músicos de tu misma localidad, primero de todo te recomendamos que te muevas por los grupos de Facebook musicales de tu zona. Es tan fácil como buscar en Facebook «Grupo Música Barcelona» o «Músicos en Barcelona» y sucedáneos. A partir de ahí puedes empezar a conocer personas que hacen lo mismo que tú y con las que puedes empezar a trabajar algún tipo de relación. Esas relaciones con otros músicos pueden ayudarte a encontrar, próximamente, a una productora que quiera hacerte un videoclip, managers, discográficas y/o cazatalentos que vean en ti aquello que merece ser sacado a la luz. En este sentido, es importante estar en todas partes, ser visible, tanto si se trata de un grupo pequeño de Facebook como una red social para músicos. Nunca sabes por dónde te va a llegar la suerte.

En Internet existen muchas redes sociales dedicadas solo a músicos que sirven para que los artistas se pongan en contacto y colaboren, encontrar locales de ensayo, buscar músicos para tu banda, salas de conciertos, estudios de grabación, ponerte en contacto con productores y publicitar tu música. Tu presencia es importante en las redes porque de ahí te pueden salir muchos contactos y muchas oportunidades. Echa un vistazo a esta lista de redes sociales para músicos, date una vuelta por ellas y averigua cuál te beneficia más en función de tu localización geográfica. En algunas de ellas hay más músicos registrados en las grandes ciudades. En otras, si vives en una ciudad más pequeña, tal vez encuentres más conexiones:

Miuseek es una comunidad social en la que podrás encontrar todo tipo de artistas, fans, discográficas, managers... una red social multifuncional que te ayudará a ponerte en contacto con otros artistas, crear una comunidad *online* de fans y seguir a otros músicos de tu mismo género o con las mismas aspiraciones. Cuenta con un creador de proyectos musicales desde cero que te permitirá encontrar músicos y, por ejemplo, grabar vídeos conjuntos.

Drooble tiene una interfaz muy parecida a Facebook cuando te creas un perfil como músico. Puedes compartir tu actividad, tus canciones y tus vídeos con la comunidad y tu público se puede descargar tus canciones. En esta red social los músicos se ayudan mucho entre ellos. Mientras la utilizas, puedes crear listas de reproducción con canciones subidas en la red social. También puedes suscribirte a la actividad de otros músicos y averiguar qué proyectos tienen entre manos. Esta red social tiene más presencia en países de habla hispana, fundamentalmente México, España y Argentina.

Si lo tuyo es la música electrónica, InternetDJ tiene mucho que ofrecerte, porque puedes compartir tu música y conocer, mediante estadísticas, a qué audiencia le gustas más. Su interfaz es muy simple, tal vez demasiado. Algunas de las opciones son de pago, como por ejemplo la opción de estadísticas avanzadas, que te permite saber en qué país se escucha más tu música y qué canciones son las más reproducidas.

BandLab es, tal y como su nombre indica, un laboratorio de bandas de música. Cuenta con un DAW simple que puedes usar para grabar partes de una canción. Esta red social se creó para poner en contacto músicos de todo el mundo y crear canciones sin estar cerca geográficamente. La filosofía es crear canciones por partes, que cada músico aporte su trozo y así, crear una canción. Actúa además de red social, podrás seguir otros artistas y escuchar su música.

El *crowdfunding*

Seguro que ya has oído hablar del micromecenazgo o *crowdfunding*. En inglés, *crowdfunding* significa «la financiación de la multitud», y se entiende como una metodología o manera de financiar ideas o proyectos mediante la colaboración, normalmente económica, del mayor número de personas posible.

Es un método de financiación colectiva, porque las campañas de *crowdfunding* pueden llegar a movilizar a miles de personas. La filosofía que se esconde detrás de este método de financiación es muy amable, ya que apuesta por la colaboración entre muchas personas, que apoyan proyectos en los que creen porque tienen algún valor. Las campañas de *crowdfunding* pueden dirigirse tanto a artistas como a proyectos sociales o medioambientales, y se llevan a cabo en Internet, a través de plataformas específicas para ello, como la española Verkami, Kickstarter, Indiegogo o Goteo. El *crowdfunding* ha ayudado a muchos músicos sin recursos a grabar una maqueta de manera profesional, ya que el coste de grabar un disco en un estudio de grabación no está al alcance de cualquiera.

En estas campañas, las personas interesadas por el proyecto, sea cual sea, aporta una pequeña cantidad de dinero. Si quiere aportar más de una cantidad determinada, recibirá un regalo de parte del organizador de la campaña. Si eres un artista y financias una maqueta gracias al *crowdfunding,* por ejemplo, los que aporten más de una determinada cantidad a la causa recibirán un disco en sus casas, si así tú lo decides. Las recompensas animan al público a participar y siempre están relacionadas con el proyecto de la campaña.

Tu familia y tus amigos serán los primeros que aportarán a la causa, aunque es muy importante disponer también de una cantidad suficiente de seguidores. No cualquiera puede iniciar una campaña de *crowdfunding*. Las plataformas que llevan a cabo estas campañas normalmente piden que la persona que inicia un proyecto ya tenga cierto tipo de visibilidad en la Red. Los requisitos para lanzar estas campañas siempre suelen ser los mismos: que haya una coherencia mínima entre el dinero que se solicita y lo que se presenta, y que tenga algún tipo de beneficio para una comunidad. En este caso, la cultura siempre es un beneficio. Las plataformas se quedan con una pequeña cantidad de los beneficios a cambio de ayudarte a gestionar la campaña, y el dinero que recibirás dependerá de una serie de factores. En algunas plataformas, si no alcanzas el dinero que querías alcanzar en un principio, no recibes nada. En cambio, otras te ingresan lo que has conseguido colectar. Algunas no te ingresan el dinero sin el compromiso de que cumplas con las recompensas prometidas. Deberás informarte bien si más adelante quieres usar esta manera de financiarte, porque cada plataforma tiene sus pros y sus contras. Estas son algunas de las más famosas que puedes investigar si te decides:

Verkami es la plataforma española de *crowdfunding* más conocida del territorio español. Se fundó en 2010 por un padre y sus dos hijos en Mataró y está especialmente dedicada a la cultura. La tasa de éxito de los proyectos que se presentan es actualmente del 72%. El alcance y el potencial del *crowdfunding* alcanzan su máxima expresión en esta plataforma, que te recomendamos por su sencillez. Para aportar un proyecto a esta plataforma deberás proporcionar tus datos personales completos como persona responsable del proyecto, una descripción (también puedes conectar tus redes sociales) tuya como persona impulsora y una descripción del proyecto en sí, además de información adicional sobre cuándo piensas tener listo tu proyecto, dónde darás a conocer tu campaña y si hay otras fuentes complementarias de financiación.

Goteo es otra de las plataformas que te recomendamos, por su sencillez y su visibilidad. Los proyectos que se suelen publicar rondan, como importe mínimo, los 3.000 o 3400€. Las iniciativas culturales tienen su sitio, pero Goteo no se dedica exclusivamente a ellas. Según

su página web, admiten «iniciativas creativas e innovadoras cuyos fines
[...] ayuden a construir comunidad a su alrededor, fomenten el compromiso social y [...] el conocimiento libre».

KICKSTARTER

Kickstarter, la plataforma de *crowdfunding* por excelencia. Esta plataforma tiene como filosofía el «todo o nada». Hasta que un proyecto no finaliza o no alcanza su meta mínima, a los patrocinadores o colaboradores no se les cobra. Si un proyecto acaba y no ha alcanzado por entonces su mínimo, no se cobra a las personas que contribuyeron ni se paga ninguna parte al creador del proyecto. Es la plataforma más conocida, y como tal, se puede permitir hacer este tipo de exigencias, que si lo piensas bien, hasta tienen sentido. Si no se alcanza una meta que se supone que es mínima, ¿por qué se le debería dar un dinero al creador del proyecto que de todas formas no le va a servir? Bueno, él contestaría que es un comienzo. Da para debate.

En PledgeMusic los artistas consiguen los fondos que necesitan para grabar su disco. Está repleto de músicos de todos los géneros que ofrecen una copia del disco que grabarán próximamente a cambio de una pequeña aportación. Esta es una de las maneras de hacer a tu público parte del proceso, porque si no hubiera sido por él, el disco no hubiera salido a la luz. PledgeMusic cuenta con una gran comunidad y muchos proyectos. Echa un vistazo y verás cómo los músicos venden su trabajo.

PATREON

En Patreon hay músicos, youtubers, fotógrafos, y todo tipo de artistas que buscan financiación a través de sus fans ofreciéndoles un trato especial. Los youtubers cuelgan vídeos solo para los patrocinadores que les ayudan, material adicional o vídeos de «detrás de las cámaras». Es una manera de conseguir financiación a través de la cercanía,. Te la recomendamos por la filosofía que tiene detrás, por abogar por una relación más directa con las personas que te siguen.

El *crowdfunding* tiene sus desventajas, y es que han sido muchos los proyectos que han tenido éxito en las plataformas de micromecenazgo pero que después han tardado meses, incluso años en ver la luz. El público que paga por ser parte de un CD, por financiar la entrada del artista a un estudio profesional, a veces recibe noticias demasiado tarde. Sin embargo, las ventajas ganan por goleada, y es que una campaña de micromecenazgo puede hacer que tus redes sociales hiervan, que se comparta tu música por todo el mundo y que se genere una emoción en torno a ella que nunca antes habías visto. En este sentido, para llevar a cabo una campaña de este calibre, deberás tener claro que necesitas llegar al máximo de personas posible. El tiempo de las campañas en las principales plataformas de *crowdfunding* es limitado, así que no puedes esperar tres años para conseguir la financiación que necesites. Normalmente se trata de unos meses. Deberás ser consciente y realista sobre tu capacidad para comunicar tu campaña. La primera recomendación es que cuentes ya con una comunidad de seguidores que puedan ayudarte, porque si no, es probable que tu campaña acabe en fracaso. Tener una buena red de contactos va a permitir que tus posibilidades de conseguir lo que quieres aumenten exponencialmente. Anunciarte por redes va a ser primordial, casi obligatorio, para conseguir que tus seguidores se movilicen y compartan el link hacia tu campaña. Las principales plataformas avisan de que los tres primeros días de una campaña son fundamentales, porque es cuando se consigue la mayoría de la financiación que se necesita, así que la publicidad previa y de calidad va a ser fundamental. Hay muchas empresas que puedes contratar para que sean ellas las que te lleven la campaña de *crowdfunding*, pero también lo puedes hacer tú. Es posible que no consigas los mismos resultados, pero al menos no tendrás más gastos.

Cómo llevar a cabo una campaña de crowdfunding: aspectos básicos

Aquí te dejo una serie de pasos que puedes seguir cuando te decidas a llevar a cabo tu propia campaña:

1. **Preparación: Objetivo y plataforma**
   Asegúrate de conocer bien el objetivo para el que vas a crear la campaña y con qué plataforma vas a llevarlo a cabo. Si el objetivo es grabar tu primer CD, intenta que el título de tu campaña tenga enganche, que sea interesante, como por ejemplo «El primer disco de (tu nombre)». «El primer disco» evoca frescura, esperanza, le estás pidiendo al mundo que te dé una oportunidad. Lo mismo deberás explicar antes en tus redes sociales.

2. **Anuncios previos**
   Mantén tus redes sociales al rojo vivo. Anuncia tu campaña de *crowdfunding* un mes o dos semanas antes, y hazle entender a tu público lo importante que es su apoyo en esta nueva etapa. Explica lo que significaría para ti conseguir esa financiación. Explica cuánto lo necesitas para lanzar tu carrera de una vez por todas. Usa todas las redes sociales que tengas y pídele a tu público, amigos y familiares, que te ayuden a compartir la campaña. Solo gracias a su apoyo conseguirás despegar.

3. **Redacta la campaña**
   Sigue los pasos que la plataforma te indique y asegúrate de explicarte con la mayor claridad posible y con mucha seguridad. Nada de oraciones subordinadas complicadas, nada de flaquezas. Tienes un proyecto y crees en él. Pídele a los demás que crean contigo.

4. **Distribuye la campaña por todos los medios que conozcas:** redes sociales, carteles en el barrio, publicidad, etc.

El *crowdfunding* es una bonita manera de empoderar a las personas que creen en ti. Si el público aporta, es que cree en tu proyecto, es que cree que puedes llegar lejos. Las campañas de micromecenazgo son cada vez más famosas no tan solo para los artistas, sino para proyectos sociales y medioambientales, proyectos políticos, periodísticos, de investigación, de lanzamiento de nuevos productos revolucionarios en el mercado. Es una manera de crear algo especial mediante unos cuantos, de formar parte de un grupo, de sentir que algo sale a la luz porque muchos más han aportado. Si involucras a tu público y a tu potencial audiencia en tu trabajo de esta manera, se sentirán parte de ella y te seguirán allá donde vayas. ¡Hora de ponerse las pilas!

9

EL MUNDO OFFLINE

LA VIDA MÁS ALLÁ DE INTERNET

Cuando lo que importa no se encuentra en Internet: relaciones sociales, conciertos y relación con la audiencia

⊃ Compartir nuestra música en el mundo digital de manera inteligente nos ayudará a darnos a conocer creando una comunidad en línea y generando debate a nuestro alrededor

Apaguemos el ordenador. Solo por un momento. Dejemos las pantallas de lado. La producción y la distribución de tu música se puede hacer *online*, pero también necesitarás, de vez en cuando, tocar con los pies en el suelo y volver al mundo *offline*. De hecho, es ahí donde realizarás los conciertos (sí, también se pueden hacer *online*, pero tú ya me entiendes) y donde conectarás frente a frente con tu audiencia y con algunas personas que pueden ayudarte a crecer. Internet se ha convertido en una parte (a veces demasiado) importante de nuestras vidas. Varios son los estudios que dicen que no podemos vivir sin el móvil más de un par de horas seguidas, que los adolescentes están en Instagram a diario y que sentirse «desconectado» atrae la ansiedad y el desespero. En este capítulo hablaremos de qué puede hacer el mundo real por ti, y qué puedes hacer tú en él. Necesitarás contactos, necesitarás acercarte a sitios donde es mejor que te vean la cara porque estarán cansados de recibir mensajes, o tal vez no te tomen lo suficientemente en serio hasta que te vean en persona. Sí, la Red se ha convertido en una parte esencial de nuestra vida, pero no olvidemos que el mundo real es el que tocamos con las manos, el que nos permite vivir sensaciones que no siempre podemos experimentar *online*.

Trabaja tus contactos

No vamos a apagar del todo las pantallas. Tiraremos de móvil, de contactos. ¿Recuerdas aquellos amigos músicos que tenías que tocaban en su casa? ¿Aquel vecino que tocaba la batería? ¿Aquel amigo de tu familia que cantaba bien en las fiestas? Llámalos, establece contacto otra vez, preséntate como músico. Las redes sociales son muy importantes, pero nunca sabes de dónde te puede salir el contacto estrella que te ayudará a conseguir un concierto en aquel bar tan chulo de la ciudad. Trabajar los contactos es muy importante. Para esto, tanto si vas conociendo músicos a través de la Red, en tus conciertos, en encuentros o consigues contactos por teléfono, sería bueno contar con algún tipo de agenda para organizar sus teléfonos. Una agenda de contactos bien cuidada ha ayudado a muchos músicos a dar con la persona ideal a la hora de buscar otros artistas, hablar un concierto o conseguir otros contactos. Hay que estar despierto y no dormirse en los laureles, tu agenda debería contener todo tipo de información sobre cómo tus contactos pueden ayudarte en un futuro. Es posible que ahora no necesites hablar con aquel chico que estudiaba periodismo y que ahora está trabajando en una revista cultural, pero tal vez te convendrá establecer contacto con él más adelante, cuando tengas un proyecto sólido. Quizás le interesará hacer un reportaje sobre ti más adelante.

Aquí es donde entran en juego los medios de comunicación tradicionales. Salir en los periódicos y revistas de tu ciudad puede hacerte ganar muchos puntos, por eso es importante que empieces a trabajar cómo aproximarte a ellos. Primero, deberías tener presencia *online*, haber hecho un par de conciertos y trabajar en una imagen, aunque de eso hablaremos más adelante. En los periódicos de tu ciudad normalmente hay una sección que ya debes conocer, la de cultura. A veces, por falta de contenido o falta de personal, esa sección se llena con noticias que llegan de las agencias de comunicación. Los fines de semana, sobre todo, no todos los periodistas trabajan, solo suele haber unos cuantos de guardia. Es justamente el periódico del lunes al que le debes echar ojo, porque lo habrán redactado los periodistas que trabajan los fines de semana, que normalmente van rotando. Aprovecha y envía un viernes un e-mail anunciando tu nuevo concierto. Escribe de manera formal, preséntate como un músico revelación. Si le quieres echar morro, llama directamente al diario y explica que eres de la zona, un artista emergente que tiene mucho que ofrecer y que el sábado que viene haces un concierto con otros grupos, por ejemplo. O anuncia el lanzamiento de tu disco. Los medios locales viven de noticias locales, así que aprovecha la ocasión.

➲ Cuando hagas un concierto pídele a algún amigo fotógrafo que te saque unas buenas fotos y manda una nota de prensa a los diarios locales y a las revistas culturales

Cuando acabe el concierto puedes enviarle al diario un par de fotos que un amigo o familiar tuyo haya hecho, a ver si hay suerte. Todo es cuestión de no tener vergüenza, de hacer cosas que otros artistas no harían, como por ejemplo, investigar sobre los periodistas que llevan dicha sección de cultura o la revista cultural de tu ciudad. Fíjate en cómo escriben, cómo presentan sus noticias, qué actos suelen cubrir. A lo mejor de esta manera consigues establecer un patrón y averiguar qué puedes hacer para que asistan a tu concierto o que al menos publiquen la foto de después. Muéstrate siempre seguro, con una actitud abierta pero humilde, y te escucharán.

Participa en eventos

Casi no hace falta decirlo, pero es importante que estés hasta en la sopa. Preséntate a todos los concursos que veas en tu ciudad, acude a los bares más pequeños al principio y los más conocidos al final, cuando ya tengas cierto bagaje. Para buscar conciertos puedes hacer dos cosas:

❑ Enviar un correo electrónico con tus datos y un ofrecimiento al bar. Si no te importa el dinero o de momento no lo necesitas, puedes decir que estás tocando gratis para darte a conocer. Desgraciadamente, muchos músicos estarán en contra de esto que te digo, porque la música se tiene que valorar de alguna manera. Ofrecerla gratis es insultante, sí, pero tómatelo como unas prácticas antes de empezar el trabajo de verdad. Antes de poder pedir dinero por tus actuaciones tienes que ser querido y respetado por los locales de la zona, y para eso tienes que labrarte una relación con ellos. Y ¿qué mejor manera de hacerlo que tocando gratis para empezar y coger el ritmo? Adjunta fotos de previos conciertos o fotos tuyas tocando. Si puede ser, adjunta también un link a Youtube donde se te vea tocar en otro lugar.

❑ Presentarte directamente en el bar, antes de que se llene de gente. Lleva contigo un usb con el que les puedas pasar tus archivos musicales, aunque seguramente no lo usarás. Te dirán que les envíes un e-mail, pero tú contesta que querías presentarte en persona y causarás una buena impresión.

La visibilidad en el mundo real funciona de la misma manera que en redes sociales. Cuantas más personas te conozcan, más personas escucharán tu música, más personas te recomendarán para que des un concierto y más personas votarán por ti. Se trata, como hemos dicho antes, de que estés en todas partes. Es necesario que te presentes a todos los concursos posibles y que toques en todos los bares posibles. Ten en cuenta la zona donde vives. Si es una zona turística, seguramente tengas más oportunidades de tocar en locales en verano, que es cuando tu ciudad se llena de turistas. Si vives en un pueblo alejado, intenta encontrar salas donde tocar lo más cerca posible para empezar, no sin antes haber empapelado tu barrio con carteles. No te rindas nunca y mantén la esperanza. Si persistes, habrá recompensa.

La imagen y el vestuario en los conciertos

Trabajar la imagen que se tiene sobre el escenario y en los videoclips es muy importante. A veces, en algunos casos, el vestuario es incluso más importante que la música. Seguro que has escuchado alguna vez estas frases de parte de algún amigo o incluso las habrás dicho tú: «este grupo suena bien pero les falta algo» o «tienen mucha presencia sobre el escenario». Ambas frases se refieren a la imagen o a la «química» que los miembros del grupo transmiten en vivo. Kiss no sería la banda de rock que es si no se pintaran en todos los conciertos como si fueran súbditos de los dioses de la muerte. Tienen presencia sobre el escenario. Se comportan de una determinada manera. Sus movimientos y sus caras quieren decirnos algo, no son aleatorios.

El vestuario en los conciertos cobra importancia cuando se quiere transmitir una idea, y todo artista tiene algo que transmitir. Asistir a un concierto donde todo suena bien y no necesitar nada más que algún juego de luces (de los que normalmente se encarga el bar en el que tocas) puede funcionar, pero siempre es mejor tener algún as en la manga. Si te vistes de una manera adecuada podrás llamar la atención no solo con tu música, sino con tu vestuario. En los años sesenta muchos músicos consiguieron llamar la atención por cómo se vestían ante el público. La presentación, a veces cuidada y otras veces no tanto, cobraba sentido, y las conversaciones entre amigos no se reducían simplemente a la música, sino a «cómo iba vestido Fulanito en tal concierto». Robert

Plant, cantante del grupo Led Zeppelin, no se vestía con ninguna prenda de ropa estrafalaria como los de Kiss pero lo que cobró importancia en sus conciertos fue otro tipo de elemento visual: sus gestos y su manera de comportarse, de disfrutar de lo que estaba haciendo[6]. Plant movía las manos de una manera muy característica, muy suya, cada vez que cantaba parecía que estaba relatando una historia.

Si trabajas solo en la música electrónica asegúrate de aliarte con algún técnico de luces o de traer tu propio juego de luces, si es que el bar lo permite. Si se trata de locales con mejores infraestructuras pregunta si puedes hablar con el técnico de luces para poneros de acuerdo. Si tienes un grupo de rock, asegúrate de tener energía en el escenario. Un ritual antes de los conciertos siempre puede ayudar, para concienciarse. La actitud en la música es muy importante, y el público recordará más cosas cuanto más le ofrezcas. No dejes que sea solo la música la que hable por ti, intenta que lo haga también tu vestuario y todos los elementos visuales con los que decidas nutrir tu puesta en escena. Al final, vas a ofrecer un concierto de un par de horas o minutos, así que es mejor si trabajas la complicidad con tus compañeros de la banda y tu seguridad sobre el escenario. Así, tu público sentirá lo mismo que sientes tú.

6. Robert Plant se vestía con camisas y pantalones ajustados. Seguro que daban para largas conversaciones alrededor de su potenciada sexualidad, pero nunca destacó por su vestuario como destacaron otros músicos de estilos parecidos sobre el escenario.

10

MARKETING DIGITAL

NOCIONES BÁSICAS PARA DARNOS A CONOCER

Cómo aprovechar el marketing en Internet y beneficiarnos de sus estrategias

➔ Aprender a venderte de manera clara y directa para conseguir tu audiencia puede ser relativamente fácil. Mantener a tu público interesado día tras día requiere cierto esfuerzo

Ya hemos dejado claro en capítulos anteriores la importancia que tienen las redes sociales para los músicos y artistas en general. Pocos músicos existen hoy en día que no tengan presencia en la Red, porque eso significa que no son visibles. Y si no son visibles... difícilmente existen. La presencia en Internet te llevará, sin lugar a dudas, a un número mayor y mejor de seguidores, porque podrás buscar a tu audiencia allí donde esté. Buscar y compartir tu música en la Red es muy fácil, de hecho, solo tienes que abrirte una cuenta en las principales redes sociales del momento y empezar a compartir. La pregunta que surge en este instante es,

¿sabemos compartir de manera eficaz el contenido o las ideas que queremos transmitir? ¿Conoces las técnicas adecuadas para dirigirte a tu público de la manera más acertada? ¿Describirías tu trabajo igual si te dirigieras a tu público en Facebook que a tus seguidores de Instagram? Las redes sociales son un hervidero de músicos. Todos los artistas que quieren labrarse un futuro tienen una página de Facebook, una página en Instagram y cuentas en Twitter, Youtube y otras redes. Lo importante no es estar ahí, porque todos sabemos cómo abrir una cuenta en redes sociales. Lo importante es saber explicarse, saber venderse. Saber hacer marketing.

El marketing no es lo mismo que la publicidad, no debemos entenderlos como sinónimos. La publicidad está al servicio del marketing, es una parte de él. El objetivo del marketing es hacer totalmente innecesaria la venta, que a través de una serie de pasos sea el propio usuario el que se acerque a nosotros. El marketing trabaja la conversión de «usuario que no me conoce» a «usuario que tiene a partir de ahora una relación conmigo». Antes, el marketing se dirigía de manera unidireccional al grupo de personas al que se quería llegar. La relación que se establecía entre el emisor de una campaña de marketing y la audiencia solo tenía un recorrido, el *feedback* no existía. Con Internet, las reglas han cambiado. Ahora, tanto las grandes marcas como los artistas más pequeños reciben opiniones, sugerencias y quejas de manera directa y en público, en un mar de comentarios que puede ver todo el mundo, porque se pueden hacer en las páginas principales de dichas marcas o artistas.

En el momento en el que te abres una cuenta de Facebook o en otra red social, estás expuesto. Y esto funciona para las buenas y para las malas. Tienes la oportunidad de compartir un contenido como puede ser el vídeo de un concierto con miles, millones de seguidores. Al mismo tiempo, también te arriesgas a que estos millones de seguidores se quejen de lo malo que era el sonido en tus páginas de Internet. Estas opiniones llegan a otras orejas, a los medios de comunicación, los patrocinadores de dicha marca y el juego se pone en marcha. La exposición en redes sociales es, por tanto, un arma de doble filo. Pasamos de los usuarios pasivos de antaño a una comunidad que entiende, opina y comparte.

⊃ Tanto el marketing como los medios de comunicación y las empresas se dirigían a su público de una manera unidireccional. Ahora los usuarios opinan, sugieren y reclaman por Internet

El marketing digital tiene en cuenta que el usuario ahora es un usuario activo, que huye de la pasividad y que exige que los artistas respondan, interactúen y opinen de vuelta. Esto deberás tenerlo siempre en cuenta. Algunas veces te irá mejor no responder a los comentarios en tus redes, sobre todo si se trata de comentarios muy negativos, pero la mayoría de veces, el usuario agradece que el músico conteste. Esto se vuelve un poco difícil, por no decir imposible, cuando el músico o artista tiene millones de seguidores. Sin embargo, si estás empezando deberás cuidar mucho más tu relación con la audiencia, y no hay mejor manera de hacerlo que reflexionar sobre cómo te gusta que te traten cuando te diriges a un artista. Así, sabrás cómo tienes que comportarte tú con tus fans.

El marketing *online* no representa nada más que usar las técnicas de marketing tradicionales pero en Internet. En este capítulo hablaremos sobre qué estrategias podemos usar para destacar por encima de los demás músicos, ya que debemos diferenciarnos de alguna manera del resto de personas que hacen lo mismo que nosotros:

El *branding*

El *branding* es la gestión de tu marca personal. Es todo aquello que se dice de ti cuando no estás delante, aquello que te define, aquello que los demás piensan que eres y representas. Tu marca te define, te determina, es tu naturaleza, tu esencia. Es cómo te presentas ante tu público, son los pensamientos que pones a su disposición, es tu imagen, tus palabras, tus diseños, tu personalidad. Eres tú. El *branding* da para muchas clases de marketing y necesita mucha perspectiva para ser entendido. Lo esencial es que entiendas que, en el momento en el que te presentes ante las redes sociales, pasarás a ser un personaje público que representa una serie de valores y una serie de opiniones. Y todo eso dependerá de tu presentación, de los gestos y las acciones que tomes. El *branding* es un significado. Te conviertes en una marca en el momento en el que tus seguidores quieren emular lo que haces, porque admiran lo que eres o representas. La mejor manera de poder entender cómo funciona es pensar sobre lo que nos inspira a nosotros mismos, qué músicos admiramos y por qué. Qué es lo que nos gusta de ellos, qué es lo que emanan, cuáles son sus comportamientos. En el *branding* los aspectos visuales pueden cobrar una importancia extrema, así que si algún integrante de tu grupo tiene facilidad por la creación visual, aprovechadlo. El *branding* se puede llevar a cabo de muchas maneras, pero vayamos a las cuestiones prácticas que tú puedes hacer en los primeros meses de lanzar tus redes sociales:

❏ **Establece un patrón en tus diseños y tu imagen.** Desarrolla la parte visual de tu yo como músico de una manera homogénea. Fíjate en los músicos a los que sigues e intenta explicar solo con tres adjetivos o conceptos lo que te evocan. Eso te ayudará a entender cómo trabajan ellos su marca personal y cómo debes trabajar la tuya. Condensa en pocas palabras lo que quieres transmitir y asegúrate de que eso se pueda percibir en tu imagen y tus diseños.

❏ **Usa la misma imagen de perfil en todas las redes sociales.** Unifica tus imágenes, sé tú mismo, escribe sin faltas de ortografía y comparte a menudo contenido de calidad. La constancia es clave. Si tus seguidores saben que cada viernes por la noche van a recibir una actualización sobre lo que estás haciendo, acabarán por establecer un patrón en su rutina y visitarán tu página web todos los viernes o el fin de semana.

❏ **Comparte contenido de calidad en las redes que lo permitan.** Las historias de Instagram son una buena manera de establecer una conexión profunda con tus seguidores, porque es donde puedes explicar tu día a día. Todo lo que cuentas ahí es volátil, por tanto, debería estar dedicado a cosas mundanas (relacionadas con la música o no) que llevas a cabo. Acércate a tus seguidores, permíteles que respondan a tus historias y que comenten tus fotos.

❏ **Mantén tu página web actualizada,** nútrela con tus últimas noticias y mantén a tus seguidores siempre al día.

❏ **Trata a tus seguidores con cariño.** Intenta contestar siempre a todos los comentarios y mensajes que recibas, aunque después eso te resulte más difícil si aumentas el número de seguidores. Si trabajas para cuidar a tus seguidores y sus intereses, ellos te cuidarán a ti.

Como hemos dicho antes, tu marca personal eres tú, es lo que te define. Si quieres que tus seguidores te reconozcan como un artista amable, alegre y genuino, asegúrate de que tus actuaciones sobre el escenario hablen por ti, que tu actitud vaya acorde con lo que quieres transmitir. No solo eso, sino que también lo haga tu vestuario, tus palabras, tu lenguaje corporal... en definitiva, tu manera de ser.

▶ El consejo: Si te interesa el mundo del *branding* (ya te digo que da para mucho más que dos páginas) visita el blog del músico Miguel Galdón. Escribe sobre música y comunicación digital. Los contenidos que comparte son de muy buena calidad.

Presencia en redes sociales: la interacción con la audiencia

Llegamos a las redes sociales, nuestras grandes amigas. Todos las usamos, todos sabemos cómo funcionan y todos las visitamos a diario. Claro que existen excepciones, seres de luz que han conseguido resistirse al mundo digital y moverse por el mundo con aquellos teléfonos sobre los que ahora se hacen memes por su robustez y durabilidad. Salvo este pequeño uno por ciento, la mayoría de jóvenes se encuentran en alguna red social y la consultan todos los días. Las redes se han convertido en nuestra segunda vida, una vida virtual, digital, donde compartimos desde nuestras más íntimas ambiciones hasta fotos sobre lo que hemos comido ese día. Hoy en día, es casi una obligación estar en ellas para existir. Si no estás en Facebook, Twitter, Youtube o Instagram, no existes. Si quieres tener éxito como músico, debes incorporar tu yo digital a tu rutina, visitar las redes a diario y trabajar para que tu audiencia te quiera cada día un poco más.

Según un estudio elaborado por la empresa Hootsuite sobre tendencias en redes sociales[7], los usuarios de Internet usan más los dispositivos móviles para ver vídeos, ya que la capacidad de atención ha disminuido y los usuarios prefieren contenido presentado a lo fácil, en forma de vídeo. En esta parte, déjame que haga un inciso: estos estudios sobre redes sociales son muy interesantes para entender cómo consumen contenido los usuarios de Internet. En 2018 la tendencia fue el vídeo. En años venideros te convendrá tener en cuenta los resultados de dichos estudios para poder establecer un tipo de estrategia u otra a la hora de dirigirte a tu audiencia. El estudio de Hootsuite también revela que en Internet las personas huyen de las instituciones fiables, los influencers más famosos y los canales más hegemónicos y se dirigen hacia un contenido más diversificado pero concreto, con «comunidades de clientes reales y empleados comprometidos».

Toda esta información debería darte una pista sobre cómo tratar a los usuarios de tus redes sociales y sobre cómo presentarte a ellos. Es verdad que el vídeo está siendo el formato estrella de presentación. Al final, se trata de un formato audiovisual que nos acerca más al músico, al personaje, al youtuber. La relación con las personas o artistas que seguimos tiene que ser cercana, tenemos que sentir que somos parte de una comunidad. Por eso nos dirigimos a youtubers que hablan específicamente de lo que nos gusta, youtubers que trabajan cierto tipo de contenido de manera especializada. Y parece que lo mismo va a pasar con la música, aunque nunca se sabe. Según el estudio de Hootsuite, las redes sociales son el principal motor de búsqueda para los jóvenes de entre 16 y 24 años a la hora de indagar sobre un producto o una marca, ligeramente por detrás de los buscadores convencionales como Google. También se compra más a través de las redes sociales, que facilitan cada

7. Tendencias en redes sociales para el 2018, Informe de Hootsuite. (*Hootsuite.com*)

vez más la compra a través de ellas. Esto te puede servir también para considerar si quieres vender tu disco por Facebook o Instagram, por ejemplo.

Facebook, la red social por excelencia. No vamos a perder tiempo explicando cómo funciona porque ya lo sabes. Y si no lo sabes, puedes encontrar mil tutoriales en Internet que te hablarán sobre ella, aunque lo más eficaz para aprender a usarla es toquetearla. Facebook es una herramienta muy útil para mantener a tus seguidores actualizados, subir vídeos de conciertos y generar conversaciones alrededor de un tema. El potencial de esta red social es bestial. Si la sabes aprovechar, Facebook será tu mano derecha, la que te catapultará hasta lo más alto. Es casi una obligación tener una página en esta red social. Vamos al grano y analicemos en profundidad qué debemos hacer para crear la mejor y más eficiente comunidad de fans *online*:

1. **Crea tu página**
   Crea una página como artista para que tus seguidores te puedan encontrar fácilmente en Facebook, ya que todos tus oyentes estarán en ella. Optimiza tu perfil, usa una portada y una foto de perfil atractivas y trabaja en tu marca personal. El proceso de creación de tu página como músico es muy sencillo, ya que Facebook te guía en todos los pasos. Lo importante es que las imágenes que subas sean de muy buena calidad y que se correspondan con las imágenes que subes a otras redes sociales. Recuerda que estás intentando crear una marca y por ello el logo y el diseño de tu página en general deben corresponderse con los que usas en tus otras redes.

2. **Usa el botón Call to Action**
   Facebook dispone de una herramienta que te permite establecer un comando para un botón que se presenta en la barra de herra-

mientas superior de tu página. Desde ahí podrás redirigir a tu audiencia a un vídeo determinado, una tienda *online*, una app o una tarjeta de contacto. En el caso de la página presentada arriba, la de los Rolling Stones, el botón Call to Action lo usan para que el usuario pueda acceder a la página oficial del grupo y compre el *merchandising* disponible. Ahora que empiezas, tal vez quieras usar ese botón como Contacto para recibir más mensajes o que la audiencia tenga a mano un correo al que contactarte con rapidez. Esto será útil cuando algún dueño o representante de algún bar o local se tope con tu página. Tus datos de contacto estarán tan accesibles que no tendrán que buscarlos, así que no dudarán tanto a la hora de ponerse en contacto contigo.

3. **Crea contenido de calidad**

   Este es el gran misterio. Seguramente seguirás a muchos músicos en Instagram o Facebook y te habrás dado cuenta de que solo con un vídeo de Youtube de una canción suya acumulan miles y miles de «me gusta». Los músicos que sigues ya tienen cierta fama y se pueden permitir no ser tan cuidadosos con el contenido que suben a sus redes sociales. Los *influencers* suben una foto desayunando y obtienen infinitos comentarios en Instagram. Todas estas personas empezaron algún día, y todas ellas han ido labrando el camino hasta conseguir el número de seguidores que tienen actualmente. Es muy fácil obtener miles de «me gusta» en un simple vídeo o en una simple frase cuando tienes a miles o millones de personas que te siguen. Al principio, tú deberás examinar la competencia y ofrecer más. En este apartado, todo lo que aprendas será poco, porque saber qué contenido le gusta más a tu público se consigue con el tiempo.

   Empieza por mostrar tu proceso creativo, no sin antes presentarte. Un post de presentación es esencial, para explicarle a tus primeros seguidores en qué consistirá tu página y por qué deberían seguirte. Preséntate de manera humilde, dejando claro que tienes un proyecto entre manos y que estás trabajando duro. Después, presenta tus creaciones al público, las canciones que pueden escuchar que tienes colgadas en Youtube, Bandcamp o en otras plataformas de distribución *online*. Algo que suele gustar mucho a los seguidores es ver todo el proceso de creación de una obra, sea cual sea. Si eres guitarrista, enseña cómo grabaste las guitarras de tu tema, cómo las solapaste y cómo, con tu DAW, convertiste todo aquello grabado en la bonita canción que compartirás. Establece una relación con tu público y pídele que comente, que te cuente qué piensa, que te haga preguntas. A menudo puedes hacer tú también una pregunta y esperar al *feedback*. No te olvides de contestar todos los comentarios que recibes y de mostrarte a disposición.

El contenido de calidad va a ayudar a que tu página se muestre a más personas en sus páginas de Inicio, porque no todas las personas que te sigan recibirán tus actualizaciones. Facebook puede ser muy puñetero en este sentido, así que deberás aprenderte las reglas para que no te penalice. Sí, por si no lo sabías, Facebook puede penalizarte haciendo que tu contenido se muestre a un número inferior de personas seguidoras. Una de estas penalizaciones es subir mucho contenido. Lo ideal es subir un post como mínimo cada dos horas, no antes, y mantener la página actualizada. A Facebook no le gusta que estés meses sin publicar, después te va a costar mucho más que tu página reviva. Si abres tu página en Facebook asegúrate de tener tiempo para ella, porque si no se lo dedicas podría llegar el momento en el que se convierta más en un lastre que en una ayuda.

Teniendo en cuenta que el vídeo va a ser uno de tus principales aliados, tal vez quieras darle prioridad a este tipo de formato. Sube actualizaciones periódicas sobre cómo llevas la grabación de tu nueva canción y crea expectativas, haz que la gente quiera escuchar tu nuevo tema a base de ponerle caramelos delante y contesta los comentarios. Otro de los consejos que te doy es que bucees por las páginas de música de tu ciudad y publiques tu perfil con algún tipo de enganche. Los músicos se ayudan entre ellos, y si encuentras alguna comunidad amable, es posible que consigas un par de seguidores más si tú también te muestras colaborativo.

En Facebook lo que funciona es crear conversaciones. A la plataforma le gusta eso y le gusta que se haga entre amigos y amigos de amigos, así que mostrará prioritariamente publicaciones que estén generando una conversación. Asegúrate de que tu contenido no se vea como un anuncio a la vieja escuela, un anuncio donde el receptor no tiene nada que decir. Comparte noticias sobre música y artículos de opinión que escribas en tu web o blog. Genera conversación. Haz que la gente lo comente y asegúrate de contestar a lo que te digan. Usa los eventos para anunciar tus conciertos e invita a tus amigos, haciendo que estos a su vez lo compartan con otras personas. Si es necesario, promociona la publicación para que llegue a más gente.

4. **Anúnciate**

PRESUPUESTO Y DURACIÓN

Presupuesto total 🛈

27,00 EUR	▼

Alcance estimado 🛈

1.500 - 7.400 personas al día   de 510.000

Limita el público o aumenta el presupuesto para llegar a las personas que te importan.

Duración 🛈

1 día	7 días	14 días

Facebook te permite promocionar los posts (siempre y cuando no los hagas programado) que haces en tu página. Promocionar los posts significa publicitarlos, elegir un segmento de la población de un determinado sitio y hacer que les salga tu publicación aunque no sigan tu página. Es un procedimiento bastante sencillo, porque Facebook te da la opción de segregar tu público objetivo, por lo que puedes escoger anunciar tu música solo a mujeres de entre 30 y 45 años, por ejemplo. El presupuesto también lo estableces tú, así que nunca gastarás más de lo que le has establecido tú a la plataforma. Usa los anuncios para promocionar un vídeo presentación potente o el videoclip de tu nueva canción. Sin embargo, debes saber que a Facebook no le gusta que redirijas a tu público fuera de la plataforma o que promociones publicaciones con mucho texto, porque no suelen funcionar. La audiencia no lee. La audiencia mira, por eso la imagen funciona mejor y el vídeo está cobrando tanta importancia. Si quieres aprender más sobre las reglas de Facebook y aprovechar la herramienta de promoción de manera más eficiente, echa un vistazo a las recomendaciones que te hace la propia plataforma:

Llegamos a Instagram. Si hablando sobre Facebook te hemos dicho que los vídeos y las imágenes tienen mucho éxito, aquí ya sabes que el texto es mínimo. En Instagram los reyes totales, sin discusión, son la fotografía y el vídeo, nunca el texto. Si no conoces Instagram te recomendamos que te lo descargues, porque como músico, tu relación con la audiencia será muy diferente. Esto tienes que trabajarlo bien, tienes que saber qué tipo de contenido le va bien a cada red social, porque no es lo mismo que publiques lo que comes en Facebook que si lo haces en Instagram. En Facebook, viniendo de un músico poco conocido, una publicación sobre comida puede quedar muy banal. Sin embargo, cuando en Instagram te quedes sin material que compartir no pasará nada por subir una foto de lo que comes, porque se verá cercano y mundano. Ten en cuenta también que Instagram es una aplicación, así que el dispositivo desde el que más se aprovecha es el móvil. Veamos cómo podemos aprovechar esta red social al máximo:

1. Tu perfil

Para que tu perfil sea visible en Instagram, este debería ser público. Asegúrate, como te hemos dicho antes, de que tu nombre sea el mismo en todas las redes sociales. Después, atento a la descripción: no puede ser muy larga, así que necesitarás condensar tu información en pocas líneas. Si incluyes algún emoticono, mucho mejor, ya que será más visual. Te recomiendo que, si tienes una cuenta personal, te abras una nueva solo para dedicarla a tu música, y que la sincronices con tu página de Facebook. De esta manera, lo que publiques en Instagram se irá también a Facebook. Cuando tengas tu perfil con una foto con buena resolución, transfórmala a una cuenta de empresa. Esta opción la encontrarás en el menú de configuración y es esencial para poder promocionar publicaciones en Instagram y ver las estadísticas. Esto te ayudará enormemente a entender qué publicaciones gustan más y podrás consultar el rendimiento de tu perfil. Además, podrás añadir datos de contacto y un sencillo botón como el Call to Action de Facebook que permite a tus seguidores comprar entradas para tu concierto.

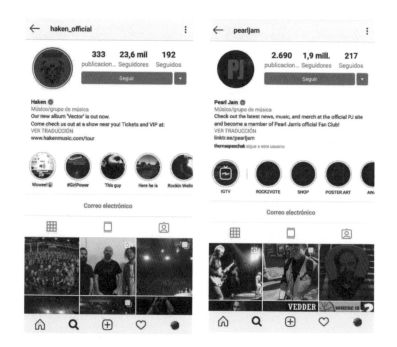

En la imagen anterior puedes ver el botón Correo Electrónico en el centro de la pantalla del perfil de empresa. Como músico te será muy útil transformar tu perfil de personal a empresa para poder ver quién ha visitado tu perfil en la última semana y las promociones. Dentro de cada foto también puedes consultar las estadísticas: si las personas que han visto tu foto han hecho clic después en tu perfil, cuántos seguidores has ganado a partir de esa foto si la has promocionado, cuántas personas han llegado a tu foto a través de los *hashtags* y el alcance. Esto, entre muchas otras cosas.

2. **Los *hashtags***

   Imprescindibles. Usa los *hashtags* que más se correspondan con tu publicación y algunos más generales, como tu localización geográfica. Un hashtag que suele funcionar bien es el de #igers y tu ciudad. Por ejemplo: #igersBarcelona. Significa «instagramers de Barcelona». Son *hashtags* muy famosos y se usan a diario. No te limites tan solo a *hashtags* en castellano, puesto que el inglés es uno de los idiomas más usados en Instagram, además del castellano.

3. **Las historias**

   Usa las historias cada varios días para explicar algo de tu proceso de grabación de la canción. Aunque en un solo día hayas conseguido grabar toda una parte de la canción, explica cómo lo has hecho en diferentes historias, en diferentes días. No tengas tu Instagram sin actualizar un par de días solo porque no tengas contenido, aprovecha lo que ya has hecho para sacarle el máximo partido. También puedes usarlas para comentar canciones de otros músicos, haceros publicidad entre vosotros y conseguir que tus seguidores te respondan sobre algunas preguntas. Hazles parte de tu día a día, de tus miedos y aspiraciones, y verás cómo conseguirás crear una relación estrecha con ellos.

   También puedes añadir historias destacadas en tu perfil, como puedes ver en la página oficial de Pearl Jam en Instagram, y agruparlas según la temática. Haz uso también de la herramienta Instagram TV para que los vídeos se puedan ver en pantalla completa vertical. Instagram TV es el nuevo Youtube solo que con la apuesta por el vídeo vertical. La empresa se ha dado cuenta de la importancia de los vídeos y está apostando muy fuerte por ellos. No te obliga a girar tu móvil y es muy sencilla de usar. Además, te permite cargar vídeos más largos y no desaparecen a las 24 horas como las historias.

4. **Shows en vivo y conciertos en directo**
El directo es una de las herramientas más fuertes de Instagram cuando tienes una comunidad de seguidores decentes. Como Instagram pertenece a Facebook, esta misma funcionalidad se puede usar en las dos plataformas. Es muy útil para conectar directamente con tus oyentes. Además, para ellos es una manera de estar más cerca que nunca de ti, ya que pueden comentar tu directo estando tú ahí, al otro lado de una pantalla. Los directos se usan para muchas cosas, pero tú, como músico, tal vez los quieras usar para programar conciertos, que puedes anunciar días antes en tus historias. La cuestión es usar tu imaginación. Si lo tuyo son las *covers*, ¿por qué no anuncias días antes un concierto en directo y preguntas en tus historias, con respuesta libre, qué canciones le gustaría a tu audiencia que versionaras? Las posibilidades en Instagram son infinitas y el único límite es tu imaginación.

¡Pío, pío! Bienvenido a Twitter. Twitter es la red social más inmediata, es donde se comenta todo mientras pasa, mientras está teniendo lugar. Como músico, esta red social te interesa para estar en el meollo del asunto, para compartir en primicia un vídeo corto de tu próxima canción, para comentar de manera personal algún artículo o iniciar una discusión sobre algún aspecto concreto de la música. Los *hasthags* te ayudarán a ganar seguidores, y por ello deberás usar los que son Trending Topic o relevantes, aquellos en los que la gente hace clic para saber qué opinan otras personas, para saber qué está pasando.

El pajarito es la segunda red social más usada del planeta por detrás de Facebook, pero varía según tu localización geográfica, así que te conviene saber cuántas personas usan Twitter en tu pueblo o ciudad antes de abrirte una cuenta. Muchos gurús del marketing te dirán que te abras la cuenta igualmente aunque en tu ciudad haya solo 3.000 personas con Twitter, pero si tienes poco tiempo y pocos contenidos, casi que es mejor que te dediques a otras redes sociales donde tus oyentes participen más. En cuanto a la descripción y el perfil, aplicamos las mismas reglas de Instagram: perfil concreto, sencillo, con algún emoticono y una foto de perfil de calidad. En Twitter, como en Facebook, hay imágenes de portada, así que te convendrá ir actualizándola cada pocos meses con tu nuevo videoclip, nuevas fotos tuyas o lo que se te ocurra, pero siempre de buena calidad y que no pase con el tiempo. También puede ser un complemento de tu imagen de perfil. Sea como sea, aprovéchate de la amplitud y haz fotografías o diseños adecuados a este formato.

1. **Las menciones**
   Las menciones son, si cabe, una de las cosas más importantes de Twitter. Te permiten hacer llegar tu tuit al local donde vas a tocar y que de ahí tu mensaje se muestre a más personas, incluso a las personas que siguen a ese local porque van a menudo. Menciona también el medio de comunicación que ha escrito sobre ti con un pantallazo y un link a la noticia en el tuit, las tiendas con las que has establecido algún tipo de colaboración para que vendan tus maquetas, etc. Se trata de ser inteligente.

2. **Memes, *gifs* e imágenes**
   Los tuits sin imágenes, sin *gifs*, sin algo que llame la atención de tus seguidores cuando pasan pantallas y pantallas de tuits se perderán en el abismo. Usa siempre que puedas material visual para atraer las interacciones y que tus seguidores lean lo que acompaña a la imagen.

3. **Responde**
   Esto te lo puedes aplicar en todas las redes sociales y más aquí, en Twitter, porque tus contestaciones y comentarios se previsualizan en la pantalla principal como si fueran un solo tuit. Después puedes ver que pertenecen a un hilo, pero lo primordial es que te vean involucrado, que vean que te importa tu audiencia.

Da las gracias, da un «me gusta», genera más conversación. Motiva a tu audiencia con nuevas preguntas y nuevas reflexiones y mantén viva la interacción.

Esta es la página oficial del grupo The Pineapple Thief. Si te fijas, su descripción está actualizada con la información del nuevo álbum que van a lanzar al mercado, con la página web fácilmente visible (a la izquierda) para que puedas visitarla con un solo clic. Si te das una vuelta por su Twitter verás que son bastante activos, retuitean contenido de medios de comunicación y hacen vídeos con pantallas divididas muy cortos y directos. También mencionan a los medios y dan las gracias a los fans cuando las tiendas cuelgan el cartel de «entradas agotadas» de sus conciertos. Las fotos que comparten son graciosas y caseras, la relación que tienen con su público es cercana y parecen, a ojos de la audiencia, un amigo más que se va de conciertos y te cuenta cómo le ha ido.

BONUS TRACK: CONSEJOS PARA EL DESPUÉS

CUANDO LA PERSEVERANCIA ES LA CLAVE

Consejos, claves y trucos para llegar hasta el infinito y más allá con tu música, tu trabajo y tu personalidad

⮕ La iniciativa, la actitud y la humildad serán tus mejores aliadas a la hora de progresar en tu aventura como músico. Con esfuerzo y conocimiento podrás conseguir lo que te propongas

¿Y ahora qué? Tengo mi música subida en mi página web, mis redes sociales funcionan a todo trapo y ya he dado un par de conciertos. He aprendido a proteger mi música por si algún día necesito recurrir a la justicia y la sé distribuir. He pagado además una cantidad a Instagram para que mi vídeo musical se le aparezca como publicidad a jóvenes de entre 16 y 35 años. ¿Qué más puedo hacer? Puede parecer que ya esté todo hecho, y te has esforzado mucho para llegar hasta aquí. La pregunta es, ¿has hecho todo lo que podías hacer? En este capítulo hablaremos del después, de ese abismo aparente que se presenta a la vuelta de la esquina y que aterroriza con su incertidumbre. ¿Lo habré hecho todo bien? ¿Tendré la repercusión que mi música se merece? Hasta aquí, seguro que has puesto todo tu empeño en que tu música sea de la mejor calidad y llegue al mayor número de personas posible. Ahora toca ser un poco astuto y sinvergüenza, perder el miedo y ganar confianza, para poder apuntar la vista un poco más alto. En este apartado aprenderemos algunas estrategias que podemos llevar a cabo y te presentaremos algunos consejos que puedes seguir para terminar de arrancar el proyecto y seguir hasta el infinito y más allá.

Vayamos directos al grano. Cuando ya has hecho todo lo que has podido y estás seguro de que tu música ya no suena como si estuviera enlatada, tienes tu página web y tus redes sociales a punto, el truco es estar en todas partes. Tienen que estar hasta en la sopa. Que ¿hay un concurso de bandas en tu ciudad? La pregunta no debe ser «¿y si nos apuntamos?». La pregunta tiene que ser «¿pero qué estamos haciendo que no nos hemos apuntado aún?». Exígete, exige a tu grupo, exígele al panorama musical. Suscríbete *online* a las revistas culturales más próximas a tu ciudad, restablece el contacto con amigos músicos que se fueron a otra comunidad, envía tu música sin miedo a todos los programas de televisión que puedas, aprende a relacionarte con la prensa, muévete y no dejes de aprender. Consulta los Instagrams de los influencers y averigua la mejor manera de acercarte a ellos, menciónalos, menciona a músicos en tus publicaciones de Facebook, envía por Telegram o Whatsapp tus canciones a grupos donde haya mucha gente. Estate en todas partes. Sé tú mismo en todas partes. Distribuye tu música hasta a tus vecinos por debajo de la puerta, a todo el vecindario, en un CD de regalo. Haz todo lo que se te ocurra, mientras seas respetuoso, para hacer que tu música se conozca. Aquí te dejamos con una batería de recomendaciones y consejos para poner en práctica:

❏ **Conoce tus momentos de inspiración.** Tú mismo eres el que mejor te conoce. Sabes cuándo suele venirte la inspiración, o sabes que nunca la puedes esperar en un momento determinado y por eso siempre llevas un cuaderno o cuentas con la grabadora de tu móvil.

❏ **Atrévete, no seas vergonzoso.** Combatir la vergüenza se convierte en toda una experiencia. El sentimiento que se apodera de ti una vez subes al escenario y te das cuenta de que todo el mundo te está mirando es indescriptible. Cuando tocas, cuando ofreces tu música, estás dando un pedacito de ti. Pues que conozcan tu mejor pedazo. No estás encima del escenario para nada, estás ahí para enseñarles lo que vales. Hazlo y no te lo pienses demasiado.

❏ **Sé exigente y mantente activo.** No te conformes con lo mínimo. Una vez tu música esté publicada en Internet, busca colaboraciones, busca momentos de inspiración, descárgate *apps* que te pongan en contacto con otros músicos, busca grupos de Facebook en tu ciudad para hacer conciertos conjuntos con otros artistas o grupos. No dejes nunca de estar ahí, presente. Exígete estarlo y exígete una mayor dedicación. Al fin y al cabo, el único que va tirar hacia delante por ti eres tú mismo. Cree en ti y mantente positivo.

❏ **Fórmate. El conocimiento nunca sobra.** A lo mejor hasta ahora no te habías planteado aprender solfeo o aprender sobre los derechos que conciernen a tu música, porque visto que no es necesario que registres tu música para que sea tuya, ¿para qué seguir investigando? Ese es un error que cometen muchos músicos, algunos ya con una fama consagrada. Dejan en manos de managers, abogados y productores todo lo que les concierne, y después es así como surgen los problemas. No quieras estar nunca al margen.

❏ **Ten un número considerable de canciones antes de aparecer públicamente.** El proceso de componer una canción no suele ser fácil. Es mucho mejor que te esperes a tener un número suficiente de canciones o temas antes de aparecer en la esfera pública. Es decir, antes de subir nada a tus redes sociales o antes siquiera de crearlas. Cuando pasen unos meses y aún estés componiendo la próxima canción, tus seguidores te echarán de menos. No puedes rellenar siempre tus redes sociales de noticias, preguntas, opiniones, fotos y no ofrecer música. En el fondo eres un artista y por eso te siguen. Alimenta a tu público de forma constante. Si te cuesta componer, no te lances al vacío y espera a tener un par de canciones.

❏ **Practica el *networking*.** El *networking* se traduce en la creación y manutención de contactos. Tener una red de personas que hagan lo mismo que tú o que se encuentren dentro del mundo de la música de alguna manera te ayudará, cuando menos te lo esperes, a conseguir aquello que necesitas o te propones. Nunca sabes cuándo necesitarás hablar con aquel periodista del diario de tu ciudad. Nunca sabes cuándo necesitarás una colaboración con el músico que conociste ayer en una fiesta. Para ello, si tienes presupuesto, puedes diseñar y mandar a imprimir tarjetas de contacto. De esta manera tu presentación denotará cierta profesionalidad. Tener contactos es casi imprescindible para creer. Vivimos en sociedad, no somos ermitaños cada uno en una montaña distinta. Las oportunidades se presentan cuando menos te lo esperas y a través de quien menos te lo esperas. Lo mínimo que puedes hacer es tener su número de teléfono.

❏ **Sube tus vídeos a Youtube.** El vídeo es el rey, lo hemos hablado a lo largo del capítulo de marketing y nos ha quedado claro que hay que apostar por él. Así lo están haciendo las principales redes sociales y así deberías hacerlo tú. Presta atención a los *likes* y *dislikes* de tus vídeos, responde a los comentarios que te dejan, etiqueta tu vídeo y crea listas de reproducción en tu canal, aprende sobre cómo articular tus vídeos para que se hagan llevaderos y escribe buenas descripciones. Usa palabras clave, sinónimos y escribe sin faltas de ortografía.

❏ **Mantente en la onda.** Esto tiene que ver también con el conocimiento. Suscríbete a blogs, revistas y portales de información musical e Internet. Mantente al tanto de todas las novedades que tengan que ver con la música y su relación con la web, la deriva de las redes sociales, métodos de consumo y tecnología para producir. Tienes que ser el gurú de la música en Internet.

❏ **Colabora.** Dale importancia a las colaboraciones. Busca canales de Youtube con las mismas características (o parecidas) que el tuyo, busca músicos en Facebook que vivan cerca de ti con los que poder hacer una canción conjunta, haz contactos en los conciertos y crea una relación con la comunidad de músicos de tu red social. Mide tu capacidad con la de otras personas que hacen lo mismo que tú y explica los beneficios que tendría para las dos partes a la hora de proponer colaboraciones.

❏ **Los conciertos son más importantes de lo que te piensas.** Por mucha música que hagas, si tus oyentes saben que no haces conciertos o que difícilmente te podrán ver en vivo, la ilusión a veces se pierde. Date una vuelta por los bares más próximos a tu casa cuando estés empezando, y elabora un currículum musical con fotos y grabaciones para poder presentarlo en un tiempo a las salas de conciertos más grandes. Trata a tus fans de la mejor manera posible en directo y baja después a seguir disfrutando de la fiesta como si fueras uno más. Quédate por fuera de la sala para saludar a quien se te acerque y muéstrate como una persona normal. No dejes que la fama se te suba a la cabeza.

Todo es cuestión de actitud

A menudo tendrás días en lo que no sabrás por dónde tirar. Sentirás que lo que haces no vale, que el esfuerzo y las horas que le echas a tu música no merecen la pena y que supone demasiado esfuerzo conseguir destacar por encima de otros artistas. Me gustaría introducirte en una reflexión. ¿Sabes cuántos músicos que se rindieron en su momento han llegado a poder vivir de lo que le gusta? Ninguno. ¿Cuántos músicos que dejaron de componer y de creer en ellos mismos han conseguido la fama? Ninguno. Los que se rindieron para siempre aquel día fatídico en el que todo se veía negro y no se levantaron después de caerse se quedaron allí, en el suelo. No se trata de que no puedas tener un mal día, no se trata de no poder quejarse de vez en cuando y arrinconarse en uno mismo. Se trata de no quedarse ahí. Las emociones negativas hay que vivirlas, aceptarlas y hacerles un hueco, porque forman parte del día a día y forman parte de nosotros. Lo que no debemos tolerar es que monten una tienda y se queden ahí a dormir, porque será cuando todo nos pesará cada día un poquito más, pero todo es parte de un proceso.

Los días en los que no tengas inspiración no te fuerces e intenta centrarte en hacer algo que te guste: estar con tus amigos, leer, hacer deporte, salir a la calle o quedarte en tu habitación a oscuras. Pero no lo hagas durante mucho tiempo, no te quedes ahí. La mejor manera de levantarse después de caerse es poner una mano en el suelo, después poner otra y encajar la rodilla en la tierra, para poder poner después finalmente los dos pies en el suelo. Los músicos que ahora son grandes empezaron también en algún momento. Tal vez a ti lo que te interese sea dar a conocer tu música, sin tener en cuenta cuán grande puedas llegar a ser, pero intenta siempre pensar en grande por si acaso luego te quedas a medio camino. Y que ese medio camino te sepa dulce, sepa a victoria y a satisfacción. Ten claro que los días malos también van a estar ahí, pero todo es cuestión de actitud. Tenlos, pásalos y deja que el viento se los lleve, no te desanimes a la primera de cambio. Piensa en la vibración que sientes en el pecho cuando tocas una canción, evoca el momento en el que tu parte favorita de la canción entra en escena, cuando entras a la sala de ensayo o cuando enciendes tu instrumento. Nadie dijo que esto sería fácil, sino que merecería la pena.

APÉNDICE

RECURSOS *ONLINE*

APPS

- ❏ *Vox Tools*
- ❏ *Vocaberry*
- ❏ *Aprenda a Cantar – Sing Sharp*
- ❏ *Clases de guitarra – aprende paso a paso*
- ❏ *Coach Guitar*
- ❏ *AllChords*
- ❏ *Sonsterr Tabs&Chords*
- ❏ *PianistHD*
- ❏ *Perfect Piano Learn To Play*
- ❏ *Aprende a tocar bajo eléctrico*
- ❏ *Bass Chords & Scales (free)*
- ❏ *Aprender a tocar Batería*
- ❏ *Real Drum*
- ❏ *Drum Pad Machine*
- ❏ *Syntronik*
- ❏ *ORG 2019*

REDES SOCIALES

- ❏ *Facebook.com*
- ❏ *Twitter.com*
- ❏ *Youtube.com*
- ❏ *Instagram.com*

PÁGINAS WEB

Para aprender música

- ❏ *www.guitarlessons.com*
- ❏ *www.cifraclub.com*
- ❏ *escuelademusica.net*
- ❏ *www.thomann.de/blog/es/sintetizadores-para-principiantes/*
- ❏ *www.culturasonora.es*
- ❏ *hispasonic*
- ❏ *musicodiy.com*

RECURSOS VARIOS

- ❏ *https://www.duplicalia.com/plantillas-cd-dvd/*
- ❏ *https://publicdomain4u.com/*
- ❏ *https://musopen.org/*
- ❏ *https://archive.org/).*
- ❏ *Miguelgaldon.com*

HOSTING Y DOMINIOS

- ❏ *godaddy.com*
- ❏ *hostinger.com*
- ❏ *Ionos.com*

CREADORES DE SITIOS WEB

- ❏ *Bandzoogle*
- ❏ *Wix*
- ❏ *Music Glue*
- ❏ *Difymusic*
- ❏ *Tumblr*
- ❏ *Webnode* (e-commerce)
- ❏ *Weebly* (e-commerce)
- ❏ wordpress.com
- ❏ blogspot.com

LEGAL

- ❏ *https://www.wipo.int/portal/es/* (OMPI)
- ❏ *https://promocionmusical.es/vivir-la-musica-derechos-autor-dere-chos- conexos/#La_infraccion_del_derecho_de_autor_y_como_impedirla*
- ❏ *https://www.aie.es/*
- ❏ *https://www.agedi.es/*
- ❏ *http://www.sgae.es/es-ES/SitePages/index.aspx*
- ❏ *https://www.unisonrights.es/*
- ❏ *http://www.institutoautor.org/es-ES/SitePages/corp-ayuda.aspx*
- ❏ *http://www.oepm.es/es/index.html*
- ❏ *https://www.youtube.com/music_policies*

CANALES DE YOUTUBE

- ❏ *Christianvib*
- ❏ *Cómo Aprender A Cantar Bien*
- ❏ *Gret Rocha*
- ❏ *Hoffman Academy*
- ❏ *ZebenDrums*
- ❏ *Nico Astegiano*

- ❏ *Marco Creativo*
- ❏ *RafaSlapBass – Rafa Beltrán*
- ❏ *ChordHouse*
- ❏ *Dra. Voz*
- ❏ *Audioproducción*
- ❏ *Jaime Altozano*

PROGRAMAS

Para crear tablaturas
- ❏ *MuseScore*
- ❏ *Sibelius*
- ❏ *Guitar Pro*

Para editar música
- ❏ *LMMS*
- ❏ *Audacity*
- ❏ *Amped Studio*
- ❏ *Reaper*

Para hacer logos
- ❏ *VECTR*
- ❏ *CANVA*
- ❏ *GIMP*

Para grabar vídeos
- ❏ *MovieMaker*
- ❏ *Shotcut*
- ❏ *Filmora*
- ❏ *Avidemux*
- ❏ *Lightworks*
- ❏ *VSDC Video Editor*
- ❏ *Adobe Premiere*

PLATAFORMAS DE DISTRIBUCIÓN

- ❏ *Bandcamp*
- ❏ *Soundcloud*
- ❏ *Amazon Music*
- ❏ *Spotify*
- ❏ *Apple Music*
- ❏ *Google Play*

Agregadores
- ❏ *RevebNation*
- ❏ *CdBaby*
- ❏ *TuneCore*
- ❏ *Soundrop*
- ❏ *OneRpm*
- ❏ *LandR*
- ❏ *RouteNote*
- ❏ *GubeMusic*
- ❏ *BeatPort*
- ❏ *Pono*
- ❏ *HorusMusic*
- ❏ *FreshTunes*
- ❏ *Awal*
- ❏ *DistroKid*
- ❏ *Symphonic*

Plataformas de trabajo colaborativo
- ❏ *BandLab*
- ❏ *Miuseek*
- ❏ *Drooble*
- ❏ *InternetDJ*

Plataformas de Crowdfunding

- ❏ *Verkami*
- ❏ *Patreon*
- ❏ *PledgeMusic*
- ❏ *Goteo*
- ❏ *KickStarter*

BIBLIOGRAFÍA

Jaraba, Gabriel. *Youtuber. Cómo crear vídeos de impacto y triunfar con ellos en Internet.* Redbook Ediciones, Barcelona 2015.

Sympathy for the Lawyer Blog. Consejos legales sobre la industria musical. *http://sympathyforthelawyer.com/blog/* Consultado: último trimestre 2018 y primer trimestre 2019.

The Nomad Home Studio Blog. Entrevistas con productores musicales. www.thenomadhomestudio.com Consultado: primer trimestre 2019.

Enrique Dans Blog. Artículos sobre la relación de la música con Internet www.enriquedans.com. Consultado: último trimestre 2018

Oficina Española de Patentes y Marcas. http://www.oepm.es/es/index.html. Consultado: último trimestre 2018

Promoción Musical. Portal informativo con artículos sobre promoción musical en Internet. www.promocionmusical.es. Consultado: último trimestre 2018 y primer trimestre 2019

Reporte Digital de Hootsuite. *Global Digital Report 2018.* www.wearesocial.com Consultado: último trimestre 2018

En la misma colección

Home Studio: Cómo grabar tu propia música y vídeos
David Little
La realización de contenido audiovisual nos sirve para conectar con el público objetivo y para mostrar de forma fidedigna nuestras cualidades en directo a potenciales promotores de conciertos. Este libro –que incluye un jugoso apéndice con especificaciones técnicas de los equipos y los principales estudios de grabación en España y América Latina– se dirige a aquellas personas que quieran introducirse en el mundo de la grabación musical y quieran conocer con detalle cada uno de sus pasos: desde el registro, mezcla y masterización hasta la realización de un videoclip o un vídeo en directo.

Cómo componer canciones
David Little
¿Cuál es el secreto para que una canción logre llamar la atención de un número importante de personas? La composición musical nos abre un mundo de posibilidades infinitas. Cuando escribimos una canción elegimos consciente o inconscientemente seguir unos caminos e ignorar otros. Y un mismo autor puede elegir sus pautas habituales o decidir adentrarse por rutas totalmente nuevas.
Este libro te mostrará algunas claves, procesos, técnicas e ideas para comenzar a adentrarte en el maravilloso e inconfundible mundo de la composición musical.

Cómo ganarse la vida con la música
David Little
¿Es posible vivir de la música sin morir en el intento? David Little, en su doble condición de periodista y músico trata de hallar respuestas a este interrogante analizando el negocio musical desde las distintas sendas que un músico tiene a su disposición para vivir de su trabajo.
El autor nos descubre cuáles son las principales vías de ingresos de un músico y la mejor manera de que estos profesionales puedan dar a conocer su trabajo. Nos habla de la importancia del artista y el público objetivo al que se dirige, cómo debe contar su propia historia y conseguir que los contenidos sean virales.

YouTuber
Gabriel Jaraba

Dentro de la web 2.0, disponer de un canal en YouTube significa tener unas magníficas oportunidades para darse a conocer. Ser un youtuber quiere decir ser miembro de una nueva generación de creadores audiovisuales que, gracias a esta gran plataforma de difusión, pueden mostrar, su trabajo, sus creaciones y –también– ofrecer contenidos de entretenimiento.

Este libro está dirigido a las personas que desean perfeccionar su capacidad de crear, producir y difundir vídeos en internet como un medio para acercarse y fidelizar un público.

¡Hazlo con tu smartphone!
Gabriel Jaraba

El smartphone se ha convertido en un asistente personal que combina las tareas propias de un ordenador con otras funcionalidades relacionadas, en buena medida, con la comunicación personal.

La vida móvil nos abre unas posibilidades infinitas, hasta hace poco impensables. Pero, ¿sabemos sacarle todo el partido posible a estos dispositivos? El autor de este libro nos da las claves para aprovechar toda su potencialidad y así ayudar a forjar una sociedad mejor y más formada.

Apps para músicos
Jame Day

Alumnos principiantes, padres con interés en que su hijo se inicie en la música, profesores de música de secundaria, solistas, directores de orquesta y coro, concertistas…

Este libro está destinado a aquellas personas que creen en el poder de la música como motor de sus emociones. Hoy, con el avance de las modernas tecnologías, nos vemos abocados a una nueva manera de entender su enseñanza. Con este libro conocerás un abanico de aplicaciones móviles que pueden hacer del aprendizaje de la música una experiencia absolutamente enriquecedora.

Todos los títulos de la colección *Taller de:*

Taller de música:

Cómo leer música - Harry y Michael Baxter
Lo esencial del lenguaje musical - Daniel Berrueta y Laura Miranda
Apps para músicos – Jame Day
Entrenamiento mental para músicos – Rafael García
Técnica Alexander para músicos – Rafael García
Cómo preparar con éxito un concierto o audición – Rafael García
Las claves del aprendizaje musical - Rafael García
Técnicas maestras de piano - Steward Gordon
El Lenguaje musical - Josep Jofré i Fradera
Home Studio - cómo grabar tu propia música y vídeo – David Little
Cómo componer canciones – David Little
Cómo ganarse la vida con la música – David Little
El Aprendizaje de los instrumentos de viento madera – Juan Mari Ruiz
Cómo potenciar la inteligencia de los niños con la música – Joan María Martí
Cómo desarrollar el oído musical – Joan María Martí
Ser músico y disfrutar de la vida – Joan María Martí
Aprendizaje musical para niños - Joan María Martí
Aprende a improvisar al piano - Agustín Manuel Martínez
Mejore su técnica de piano – John Meffen
Musicoterapia - Gabriel Pereyra
Cómo vivir sin dolor si eres músico – Ana Velázquez
Guía práctica para cantar en un coro – Isabel Villagar
Guía práctica para cantar – Isabel Villagar
Aprender Música - Isabelle Peretz

Taller de teatro:

La Expresión corporal - Jacques Choque
La Práctica de los monólogos cómicos – Gabriel Córdoba
El arte de los monólogos cómicos – Gabriel Córdoba
Guía práctica de ilusionismo – Hausson
Cómo montar un espectáculo teatral – Miguel Casamajor y Mercè Sarrias
Manual del actor – Andrés Vicente

Taller de teatro/música:

El Miedo escénico – Anna Cester

Taller de cine:

Producción de cine digital – Arnau Quiles y Isidre Montreal
Nuevos formatos de cine digital - Arnau Quiles

Taller de comunicación:

Hazlo con tu Smartphone – Gabriel Jaraba
Periodismo en internet – Gabriel Jaraba
Youtuber – Gabriel Jaraba

Taller de escritura:

Cómo escribir el guion que necesitas – Miguel Casamajor y Mercè Sarrias
El Escritor sin fronteras – Mariano Vázquez Alonso
La Novela corta y el relato breve – Mariano Vázquez Alonso